インターネットと人権侵害

匿名の誹謗中傷
～その現状と対策

佐藤佳弘
Sato Yoshihiro

武蔵野大学出版会

はじめに

「今回も人権侵害だ……」

オフィスに来た講演依頼のメールをチェックする度に、私はネットがもたらしている問題の大きさを思い知らされます。

私はありがたいことに、年間50件ほどの講演依頼をいただきます。特に宣伝や営業活動をしているわけではないのですが、依頼されるテーマの8割は「インターネットにおける人権侵害」です。

講演の主催者や、参加者の方々と接して感じることは、ネット人権侵害の被害がいかに広がっているかということです。

そして、強く思うことがあります。それは、被害者に寄り添い、その痛みを理解して、適切に助言することが必要だということです。

しかし、残念ながら、被害者自身も相談を受けた方も、どう対処したらよいのかわからずに困っているのが現実なのです。

それもそのはず、ネット上の中傷書き込みへの対処は簡単ではありません。壁に貼られた中傷ビラであれば、剥がせばよいでしょう。しかし、ネット上の書き込みは簡単に消すことができません。面倒な手続きが必要だったり、交渉先が複数あったり、書き込んだ本人でさえ削除できなかったり……、と事情が複雑です。

また、「誰が書き込んだのか」を突き止めることも簡単ではありません。壁に貼られたビラに比べると、ネットに書き込まれた中傷への対応には、専門知識が必要であり、多大な手間もかかるのです。

「たまたま私が知ってしまったからいけないのだ。見なかったことにしよう」という大人の対応はお勧めしません。ネット上の書き込みを放置すると、日本国中のどこからでも、いつでも誰でも読める状態が続くのです。

その状況はさしずめ、駅前の電柱に中傷ビラが貼られているようなものです。時間の経過とともに多くの人が目にすることになるのです。

　たとえ、内容が虚偽であったとしても、事情を知らない人にとっては、虚偽かどうかがわかりません。書き込みは悪評となって拡散していきます。

　ネット人権侵害の問題の大きさは、講演依頼をくださる主催者の分野が多様であることからもわかります。

　農林水産省、総務省自治大学校、東京都産業労働局、東京都総務局、横浜市水道局、公共職業安定所、全国各地の自治体、県教育庁、教育委員会、小中高校、PTA、一般企業、協会、公益財団法人など多分野にわたります。

　また、対象者もさまざまです。

　行政職員、教職員、保護者、児童・生徒、企業の雇用主、役員、従業員、採用担当者、公正採用選考人権啓発推進員、人権擁護委員、一般市民の方々などです。

　この分野や対象の広さは、ネット人権侵害が年齢、性別、職業に関係なく、多くの方に関わる問題になっていることを示しています。

　インターネットは資格審査もなく、年齢制限もなく、誰もが使える便利な道具です。でも、使い方を誤れば、人権を侵害する道具にもなります。

　誰もが被害者になる危険性があり、同時に加害者になる可能性もあるのです。だからこそ、すべてのネット利用者に正しい知識が必要です。

　知識を持たずにネットを利用するのは、地雷が埋まっている危険地帯を能天気にスキップしているようなものです。いつ被害者になっても、いつ加害者になってもおかしくありません。ですが、前もってどこに地雷があるのかを知っていれば、危険

を避けながら、安全にネットを使うことができるはずです。そのような思いで本書を執筆しました。

　本書は、ネット人権侵害について、現状と対処方法をできる限りわかりやすく解説しています。事例も多く掲載しました。
　本書の前半では、ネット人権侵害の現状を紹介しています。読者のみなさんは、ネットの便利な機能がことごとく人権侵害の道具になっていることに驚くことでしょう。
　また、後半では、対処や対策を紹介しています。この問題がいかに複雑であるか、そして社会の取り組むべき課題がいくつもあることを知るでしょう。
　本書で得た知識を、ぜひ仕事や生活の中に役立てて、安心安全なネット利用をしていただきたいと願っています。

　最後になりましたが、本書に対する私の思いを受け止め、企画を通し、前作に続いて編集を担当してくださった、斎藤晃さんにお礼申し上げます。
　また、本書をデザインしてくださった、田中眞一さんにも感謝です。プロの仕事に注文をつける、わがままな著者に快く対応してくださりありがとうございました。
　多くの方々の協力により本書を刊行することができました。
　みなさんに感謝いたします。

著者　佐藤　佳弘

※本書に掲載した新聞記事では、容疑者氏名、被告氏名を伏せてあります。
※本書に掲載した事例の画像では、不適切な用語を伏せています。
※漢字、ふりがな、数字表記などは、基本的に新聞記事そのままに記載しています。
※本書の内容は、執筆時点の法律、条令に基づいています。

【目次】
インターネットと人権侵害
匿名の誹謗中傷〜その現状と対策

はじめに

第1章 ネット社会の現状

1 子ども雑誌が描いた未来社会　8
2 技術と社会の発展　9
3 たどり着いた現代社会　10
4 警察に寄せられる相談件数　11
5 ネット人権侵害の相談件数　12
6 子どもの人権侵害　13

第2章 ネット上の人権侵害

1 名誉毀損　18
2 侮辱　23
3 信用毀損　29
4 脅迫　39
5 さらし　41
6 ネットいじめ　55
7 児童ポルノ　71
8 ハラスメント　72
9 差別　78

第3章 ネット時代の法整備

1 法整備の現状　94
2 プロバイダ責任制限法　95
3 いじめ防止対策推進法　99
4 児童ポルノ禁止法　102
5 リベンジポルノ被害防止法　104
6 青少年インターネット環境整備法　105
7 出会い系サイト規制法　107

第4章　ネットトラブルへの対処法

- 1　証拠の保存　110
- 2　書き込みの削除　112
- 3　2ちゃんねる掲示板での削除　121
- 4　検索サイトの結果表示停止　125
- 5　発信者の特定　126
- 6　拡散した書き込みの削除　129
- 7　加害者になった時の対処　129

第5章　法的な手段

- 1　報われない被害者　132
- 2　親告罪という壁　133
- 3　被害者に対する法的な救済　135
- 4　精神的被害に対する償い　138
- 5　裁判に関わる費用　141

第6章　社会の取り組み

- 1　自治体の取り組み　146
- 2　学校の取り組み　149
- 3　警察の取り組み　165
- 4　民間の取り組み　168

第7章　安全・安心のネット社会へ

- 1　被害者救済の仕組み作り　172
- 2　急務の法的整備　182
- 3　教育・啓発の推進　183

あとがき
付録

装丁・本文デザイン………田中眞一
本文イラスト………佐藤佳弘
編集………斎藤　晃（武蔵野大学出版会）

Q ネット人権侵害クイズ

○か×で答えましょう。正解はP190にあります。

問題 / **答え**

1. メールでの暴言は、名誉毀損罪や侮辱罪にならない。
2. ネット書き込みの内容が真実であれば、信用毀損罪にはならない。
3. 一般私人がネット掲示板に無断で個人情報を掲載しても刑罰はない。
4. 刑法にプライバシー侵害罪はない。
5. 学校裏サイトの数は、全国の中高学校数よりも多い。
6. アドレスがわかれば、保護者や教員でもLINE上の悪口を確認できる。
7. 17歳の高校生のヌードは児童ポルノである。
8. メールにハートマークを使うとセクハラになることがある。
9. 採用面接で愛読書を尋ねると人権侵害につながる。
10. ヘイトスピーチは法で規制されていない。
11. 学校におけるいじめ対策組織は職員会議である。
12. 児童ポルノを個人的に所持しているだけならば刑罰はない。
13. 盗聴器を仕掛ける行為は違法ではない。
14. SNS（注1）での執拗なメッセージは、ストーカー規制法で規制される。
15. 漫画やアニメは、児童ポルノ禁止法による規制の対象外である。
16. セクハラは違法行為である。
17. 中傷書き込みを訴えた場合、損害賠償金よりも裁判費用の方が多くかかる。
18. モバゲー（注2）を利用している時、カキコ（注3）は監視されている。
19. プロバイダ等（注4）には書き込みを常時監視する義務がない。
20. 韓国ではネット掲示板を利用する度に本人確認が必要である。

（注1）【SNS（Social Networking Service）】交流を支援するサービス。LINE、facebook、Twitterなど。
（注2）【モバゲー】日本最大の携帯ポータルサイト。
（注3）【カキコ】ネット掲示板などに書き込むこと。
（注4）【プロバイダ等】プロバイダ、サーバの管理・運営者、ネット掲示板の管理者。

第1章 ネット社会の現状

ネット社会の現状

1　子ども雑誌が描いた未来社会

　2012年6月、東京都墨田区では**東京スカイツリー**[1]が開業した。そのため、それまで現役として働いてきた**東京タワー**[2]と、電波塔の新旧交代となった。東京タワーは1958年12月に竣工した電波塔である。

　ところであなたは、東京タワーが建設中の1958年には、どこで何をしていただろうか？　ぜひ、当時の社会を思い出していただきたい。もしも、まだ生まれていなかったならば、その頃の社会の様子を想像してもらいたい。

　東京タワーが建設中だった当時の社会は、映画「Always 三丁目の夕日」[3]に描かれている。人々は銭湯の風呂を利用していた。たらいで洗濯をしていた。テレビ画面はブラウン管である。もちろん、その時代にはスマホもパソコンもインターネットもなかった。

　その当時、技術の粋を集めた日本一のタワーを建築中だったこともあり、子ども雑誌には盛んに未来社会が描かれていた。このまま技術が進歩したならば、私たちが大人になった時には、こんな社会がやってくるのだ、と描かれていた。

　子ども雑誌の想像図には、高速で人々を運ぶ鉄道が描かれていた。今でいうリニア新幹線のような乗り物が想像されていたようだ。また、教育関係であれば空飛ぶスクールバスが描かれていた。子どもたちは空を飛ぶスクールバスに乗って毎日学校に通うのだ、と描かれていた。

　子ども雑誌には、このまま技術が進歩したならば、私たちが大人に

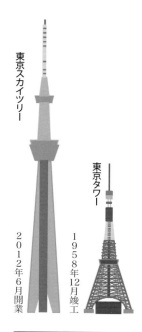

東京スカイツリー　2012年6月開業

東京タワー　1958年12月竣工

1　**東京スカイツリー**
高さ634メートルで開業時は、世界一高い電波塔であった。

2　**東京タワー**
高さ333m。正式名称は日本電波塔（にっぽんでんぱとう）。東京スカイツリーの開業後は予備の電波塔となる。

3　**Always三丁目の夕日**
東宝。2005年11月5日公開。1958年の東京の下町が舞台。第29回日本アカデミー賞最優秀作品賞。原作は西岸良平の『三丁目の夕日』（『ビッグコミックオリジナル』（小学館）で連載。

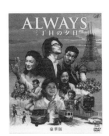

「ALWAYS 三丁目の夕日」DVD 販売元：小学館 販売元：株式会社バップ

なった時には、病気もない犯罪もない、誰もが笑顔で暮らすバラ色の社会がやってくると描かれていたのである。そして時が流れ、私たちは描かれていた未来社会に到達した。

2 技術と社会の発展

子ども雑誌に描かれていた通り、確かに技術は社会を発展させた。医療技術が発達し、治らなかった病気が治るようになった。輸送技術が発達し、多くの人をより遠くへより速く運べるようになった。放送技術が発達し、地球の裏側の出来事でもリアルタイムに見ることができるようになった。印刷技術が発達し、誰もが新聞、雑誌、書籍を読むことができるようになった。通信技術が発達し、遠く離れた人とも会話ができるようになった。そして、エネルギー技術が発達し、どこの家庭でもふんだんに電力を使えるようになっていた。

技術は社会を発展させた。ところが、それぞれの技術は、それぞれに事故や事件などの社会問題を引き起こしている。それを象徴している出来事が、2011年3月に発生した**福島での原発事故**ではないだろうか。

子ども雑誌を読んでいた子どもたちが大人になって到達してみると、未来社会は決してバラ色の社会ではなかった。それぞれの技術がそれぞれに社会問題をもたらしている。

本書では、様々な分野の技術がある中でも、インターネットに着目して、この先の話を進める。

4 福島での原発事故
2011年3月11日に発生した東日本大震災により、福島第一原子力発電所が事故を起こし、計画停電を余儀なくされた。

社会を発展させた技術	
● 医療技術	● 印刷技術
● 輸送技術	● 通信技術
● 放送技術	● エネルギー技術

3 たどり着いた現代社会

　様々な技術が社会を発展させ、同時に社会問題も引き起こしてきた。それらの技術のひとつであるインターネットに絞ってみただけでも、社会には多くの問題がもたらされている。引き起こされている問題を数え挙げてみると、その数は実に40項目にも達する。

　インターネットがもたらした問題の中には、本書のテーマである人権侵害がある。また、繰り返される個人情報の大量流出、ネットから簡単にコピペやダウンロードができることによる著作権侵害、ワンクリック詐欺に代表される詐欺、アダルトサイトを始めとする有害違法サイト、迷惑メール、コンピュータウイルス、スマホ依存など数多い。そして、これだけでは終わらない。毎年のように新しい問題が次々と生まれているのである。

ネット社会がもたらした問題

1. 人権侵害
2. 個人情報の流出
3. 著作権侵害
4. 詐欺（架空請求、ワンクリック詐欺など）
5. 有害・違法サイト（わいせつ、残虐など）
6. 迷惑メール（広告メール、デマメールなど）
7. コンピュータ・ウイルス
8. 出会い系サイトによる犯罪
9. 不正アクセス（LINE乗っ取りなど）
10. スマホ中毒、依存症
11. リベンジポルノ
12. なりすましメール
13. サクラサイト商法
14. 学校裏サイト
15. LINEいじめ
16. 無料サイトの釣り上げ
17. 盗撮
18. 肖像権侵害
19. 運転中のメール・通話
20. 携帯電話・スマホの盗み見
21. 無断充電
22. 携帯電話・スマホの電磁波
23. ステルスマーケティング
24. 健康への懸念
25. 闇サイトによる犯罪
26. デジタル万引き
27. 歩きスマホ
28. スパムアプリ、不正アプリ
29. クリックジャッキング
30. ネット中毒、依存症
31. 子供の高額料金
32. スキミング、カード偽造
33. ネット掲示板の祭り、炎上
34. ネット賭博
35. サイバーねずみ講
36. デジタルデバイド
37. クローン携帯
38. スマホの不正入手、犯罪利用
39. 廃棄パソコン、スマホ
40. SNS疲労

出典：佐藤佳弘『情報化社会の歩き方』ミネルヴァ書房、2010年2月20日をもとに作成

4 警察に寄せられる相談件数

　インターネットは社会に多くの問題をもたらした。そして、多くの人が被害を受けている。被害を受けた人たちは、警察に相談を寄せている。全国の都道府県の警察に寄せられる、インターネットに関する相談の件数は、毎年8万件に達しており、2014年には過去最高の12万件となった。

　警察に寄せられるインターネットに関する相談の中で最も多いものは、詐欺悪徳商法に関する相談である。やはり、金銭に関わる問題が最も多い。次に多い相談は迷惑メールである。そして、3番目がネット上での名誉毀損に関する相談であり、これがまさにネット人権侵害である。

　毎年1万件に及ぶ相談が警察に寄せられている。

警察に寄せられるネット上での名誉毀損に関する相談

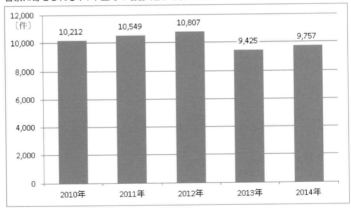

出典：警察庁　広報資料

5 ネット人権侵害の相談件数

　インターネット上で人権侵害を受けた人が相談する先は、警

ネット社会の現状

法務局に寄せられるインターネットに関する人権相談

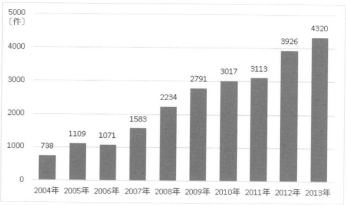

出典：法務省 資料

察だけではない。**人権擁護機関**[5]にも相談が寄せられている。人権擁護機関に寄せられる相談件数は、ネット利用者の増加に伴い毎年増加している。

　全国の都道府県の警察に寄せられるネット上での誹謗中傷の相談件数も、人権擁護機関に寄せられるインターネットに関する人権侵害の相談件数も、統計上に表れた数字である。つまり、そのような機関にわざわざ相談を寄せた被害者の数字である。

　被害を受けながらも警察や人権擁護機関に連絡せず、友人や同僚、家族に相談した人の数、あるいは誰にも相談せず、一人で悩んだり我慢している人の数を含めれば、統計上の数字はまさに**氷山の一角**[6]であり、はるかに多くの人がネット人権侵害の被害にあっていると想像できる。

> 5　**人権擁護機関**
> 法務局や地方法務局。

> 6　**氷山の一角**
> 海面下に隠れている氷山の大きさを知る法則として、ハインリッヒの法則がある。労働災害における経験則ので、1件の重大事故の背後には29件の軽微な事故があり、その背景には300件のヒヤリハット（ヒヤッとしたこと、ハッとしたこと）が存在するという。

6 子どもの人権侵害

［1］最も多い人権侵害

　法務省が把握しているわが国の人権侵犯事件の事案数は、年間2万件にも上る。この数字は、もちろん把握された事案だけ

6 子どもの人権侵害

> **法務省による人権侵犯事件の分類**
>
> 1. 公務員等の職務執行に関する人権侵犯事件
>
>   (1) 特別公務員による侵犯
>   (2) 教育職員による侵犯
>   (3) 学校におけるいじめ　←☆
>   (4) 刑務職員による侵犯
>   (5) その他の公務員による侵犯
>
> 2. 私人等に関する人権侵犯事件
>
>   (1) 人身売買
>   (2) 売春に伴う侵犯
>   (3) 暴行虐待
>   (4) 私的制裁
>   (5) 医療関係
>   (6) 人身の自由関係
>   (7) 社会福祉施設関係
>   (8) 村八分
>   (9) 差別待遇
>   (10) 参政権関係
>   (11) プライバシー関係
>   (12) 集会、結社及び表現の自由関係
>   (13) 信教の自由関係
>   (14) 教育を受ける権利関係
>   (15) 労働権関係
>   (16) 住居・生活の安全関係
>   (17) 強制・強要
>   (18) 組織または多衆の威力関係
>   (19) 交通事故
>   (20) 犯罪被害者
>   (21) その他
>
> 出典：「人権侵犯事件」統計資料、法務省から作成

を示す統計上の数である。ネット人権侵害と同様に、人権擁護機関に相談せずにいる人を考えたならば、はるかに多くの人が人権侵害の被害にあっていることだろう。

さて、統計上で把握されている人権侵犯事件の中で、最も多い人権侵害は何だと想像するだろうか。法務省は、人権侵犯事件を大きく2つに分類している。「公務員等の職務執行に関する人権侵犯事件」と、「私人等に関する人権侵犯事件」である。両者の人権侵犯事件を合わせて、年間2万件が発生しているのである。

この2万件の中で、統計上で最も多い人権侵害の事案は、「公務員等の職務執行に関する人権侵犯事件」に属している**「学校におけるいじめ」**[7]で、全体の約2割を占めている。このいじめの被害者は、もちろん子どもである。

わが国で最も多い人権侵害は「学校におけるいじめ」であり、「わが国で最も多い被害者は子どもである」ということを統計

> 7　学校におけるいじめ
> 2013年の人権侵犯事件は23,593件あり、そのうち最多事案は18％を占める4,211件の「学校におけるいじめ」である。「人権侵犯事件」統計資料（法務省）

上の数字が示している。

[2] 学校でのいじめ事案の推移

　法務省の統計によると、学校でのいじめ事案は毎年4,000件ほど発生している。しかし、この統計データの数字通りに学校でのいじめが発生していると考えるのは、拙速であろう。この事案数は学校から報告され、把握されたいじめの数である。

　もとから学校でのいじめは存在していたはずである。ところが、いじめ自殺事件の報道で、学校や教育委員会の隠ぺい体質が批判されることが多かった。その反省から現場の報告意識が高まった結果とも考えられるのである。

学校におけるいじめ事案

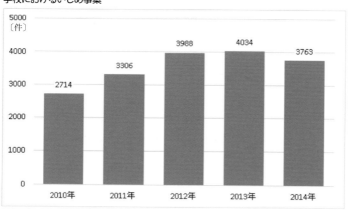

出典：法務省「平成26年における「人権侵犯事件」の状況について」

[3] 子どもの人権110番に寄せられる相談内容

　法務省が把握している人権侵犯事件の内訳では、「学校におけるいじめ」が最も多い。では、被害を受けている子どもたち自身は、何を訴えているのだろうか。それを知る手立ては「子どもの人権110番[8]」と、「子どもの人権SOSミニレター[9]」にある。どちらも子どもたちが自らの声を届ける手段である。
　「子どもの人権110番」に寄せられる相談内容で最も多いものは、毎年、「いじめ」である。相談内容は、過去10年にわたり、体罰・不登校や暴行虐待ではなく、常に「いじめ」がトッ

[8] **子ども人権110番**
0120-007-110（全国共通・無料）。法務省が開設している相談電話。最寄りの法務局・地方法務局につながる。

[9] **子どもの人権SOSミニレター**
全国の公立小中学校の児童生徒に配布されている便箋兼封筒。切手は不要である。

「子どもの人権110番」での相談内訳					
	いじめ	体罰等	暴行虐待	その他	計
2014年	3,384	2,913	728	18,686	25,711
2013年	4,097	3,463	669	20,618	28,847
2012年	4,287	3,114	776	20,207	28,384
2011年	3,320	2,415	697	19,482	25,914
2010年	3,447	2,700	741	20,822	27,710
2009年	3,345	2,329	688	16,485	22,847
2008年	3,517	2,467	722	14,647	21,353
2007年	4,728	2,915	690	14,587	22,920
2006年	2,582	1,905	359	8,039	12,885
2005年	1,175	1,175	344	6,433	9,127

出典:「子どもの人権110番」統計資料、法務局

プであり続けている。

[4] 子どもの人権SOSミニレターの相談内容

　子どもの人権110番と並んで、子どもたちが被害を訴える手段として「子どもの人権SOSミニレター」がある。全国の公立小中学校の児童生徒に配布されていて、小学生用と中学生用との2種がある。子どもたちがミニレターに悩みを書いて投函すると、最寄りの法務局・地方法務局に届くという仕組みになっている。

　子どもの人権SOSミニレターによって届けられる声は、**年間2万件**に上る[10]。届けられるミニレターに対しては、人権擁護委員と法務局の職員が、一つひとつに返事を書いている。

　学年別の投函数の分布では、小中学生のすべての学年から相談が寄せられていて、小学校高学年に相談件数のピークがある。相談内容の内訳では、やはり「いじめ」が圧倒的に多い。しかも、ミニレターの対象となっている小学1年生から中学3年生までのすべての学年で、虐待や体罰を大きく上回り、おしなべ

10　子どもの人権SOSミニレターに寄せられた相談件数は、2013年で年間1万8,180通である。

て、「いじめ」の相談が最多なのである。
「子どもの人権110番」からも、「子どもの人権SOSミニレター」からも、また人権侵犯事件の統計からも、子どもは「いじめ」で悩んでいることが浮き彫りになっている。「いじめ」は子どもの世界で最大の人権侵害なのである。これらのことから、子どもの人権侵害として取り組むべきは、まず、「いじめ問題」であることが明らかである。

学年別の相談受理件数

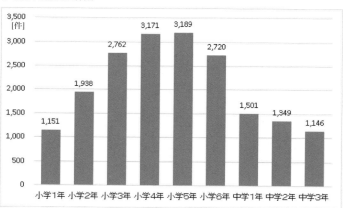

出典:報道発表資料「平成26年度「子どもの人権SOSミニレター」事業の実施について」法務省　2014年10月10日

「子どもの人権110番」での相談内訳					
	いじめ	虐待	体罰	その他	計
2013年度	6,738	459	259	12,318	19,774
2012年度	7,705	490	160	13,189	21,544
2011年度	8,916	499	110	14,852	243,77
2010年度	8,783	425	234	15,349	247,91
2009年度	5,094	250	72	9,081	144,97

出典:報道発表資料「平成26年度「子どもの人権SOSミニレター」事業の実施について」法務省　2014年10月10日

第2章
ネット上の人権侵害

ネット上の人権侵害

　インターネットでは、どのような人権侵害が行われているのだろうか。ネット人権侵害といっても様々な形があり、それらをわかりやすく分類すると、9つに分けることができる。それは、「名誉毀損」「侮辱」「信用毀損」「脅迫」「個人情報やプライバシーのさらし」「ネット上で行われるいじめ」、児童に対する人権侵害である「児童ポルノ」、「セクハラ・パワハラなどのハラスメント」、そして「差別」の9分野である。

```
ネット上で行われる人権侵害
    ● 名誉毀損      ● ネットいじめ
    ● 侮辱          ● 児童ポルノ
    ● 信用毀損      ● ハラスメント
    ● 脅迫          ● 差別
    ● さらし
```

　どの分野での人権侵害でも共通していえることは、SNS、電子メール、ネット掲示板、動画投稿サイトなどのインターネットの便利な機能が誤用・悪用されて、人権侵害の道具として使われているということである。本来ならば、これらのインターネットの便利な機能は、私たちの生活を支援するものであるはずなのに、その利便性が人権侵害の道具として使われている。それは、ネット社会の残念な現実である。

　以下、9つの分野ごとに現状を事例と共に解説する。

1 名誉毀損

　ある朝、混み合う通勤電車の中で、知らない者同士らしい男女の言い争いが始まった。どうやら若い女性が持っていた大きめのバッグが邪魔だとか、ぶつかっただとかが発端のようである。言い争う声は次第に大きくなり、電車内は険悪なムードになった。
　そのうち電車は次の駅に到着し、ドアがプシューという音とともに開くと、2人は揃ってホームに降りて、言い争いの続きを始めていた。やがて女性が激高して大きな声で男性に向かって言い放った。「あんたキモイんだよ。バッカじゃないの！」

その罵声を受けた男性も顔を真っ赤にして言い返した。
「名誉毀損で訴えてやる！」
　はたして、この女性の言葉は名誉毀損なのだろうか。
　名誉毀損と侮辱は同じなのか違うのか、違うのであれば何が違うのか。まず、この点から明確にしたい。名誉毀損とは、人の社会的な評価を低下させる行為をいう。私たちの日常の中での具体的な行為としては、悪口、うそのうわさ、誹謗中傷が相当する。これらをインターネット上で行うと、名誉毀損になり得る。
　現実にインターネットの便利な機能である、電子メール、ネット掲示板、動画投稿サイトはどれも、誤用・悪用されて名誉毀損事件を起こしている。

ネット上での名誉毀損
- メール配信での名誉毀損
- ネット掲示板での名誉毀損
- 動画投稿での名誉毀損

[1]メール配信での名誉毀損

　1999年に電子メールによる名誉毀損の事案で、初の有罪判決が下っている。1998年11月28日、2人の女性の氏名・住所・電話番号・年齢と卑猥(ひわい)な文章を添えた電子メールを、有料会員約4,200人に配信した。この行為について、1999年1月に名誉毀損罪で懲役1年、執行猶予3年の判決となった（読売新聞1999年3月30日朝刊）。多くの会員に配信したことで、公然と女性の社会的な評価を低下させたことになり、名誉毀損となったのである。

[2]ネット掲示板、ブログでの名誉毀損

　ネット掲示板においても、人の社会的な評価を低下させるような書き込みをすると、多くの人が目にすることになり、名誉毀損になり得る。被害者が有名人であっても、一般人であっても、また発信者が有名人であろうと、一般人であろうと、名誉毀損は成立する。有名人が被害者になった事例と、加害者になった事例を紹介する。

■ 有名人が被害者になった事例

　芸人の**スマイリーキクチ**[11]さんが受けた被害は、よく知られている。彼は**女子高生コンクリート詰め殺人事件**[12]に関係したとして、誹謗中傷を10年間も受け続けた。中傷の書き込みは、2ちゃんねるのほか、自身のブログ、所属事務所の電子掲示板にも及んだ。mixi[13]やネット百科事典のWikipedia[14]にも「コンクリ事件キクチ犯人説」が書き込まれた。事実無根の誹謗中傷であるにもかかわらず、当初は警察も取り合ってくれず、非常に苦しめられたとキクチさんは語っている。

　最終的に、2008年9月から2009年1月までに、スマイリーキクチさんをネット上で中傷した19人が摘発された。中傷した者の年齢は、17歳から47歳まで幅広く、大手企業に勤めている者や国立大学の職員（45）も含まれていた。

　「こんなに書き込みがあるんだから、この人は絶対悪い人です」と言い張る男性に、刑事さんが「証拠は？」と尋ねると「書き込みが証拠です。事件をネタにしたのを見たという人がこれだけいるんですよ」と自信満々で答えたという。たとえ内容が間違っていても、拡散するとその書き込みを真実だと思い込む者が出てくる。そんなネット社会の怖さを示している。

> **ブログ炎上：キクチさん中傷の6人書類送検　警視庁**
>
> 　お笑いタレント、スマイリーキクチさん（37）のブログに、キクチさんが殺人事件に関与したなどとする事実無根の書き込みをしたとして、警視庁捜査1課と中野署は27日、埼玉県戸田市の会社員ら36～46歳の男4人を名誉棄損容疑で、東京都練馬区の無職の女（23）と埼玉県入間市の工員の男（36）の2人を脅迫容疑でそれぞれ書類送検した。
>
> 　送検容疑は、昨年4～8月、6人がそれぞれ1～4回、携帯電話や自宅のパソコンから「コンクリート詰め殺人事件　あんた殺人犯　死ねば」「生きる資格はねえんだよお　ふざけやがっててめえ　パンチ食らわす」などとブログに書き込んでキクチさんの名誉を棄損したり、脅迫したなどとしている。【佐々木洋】
>
> 出典：毎日新聞 2009年3月27日13時30分（最終更新3月27日13時32分）

11　スマイリーキクチ
お笑いタレント。本名は菊池聡。1972年1月16日、東京都足立区北千住出身。太田プロダクション所属。

12　女子高生コンクリート詰め殺人事件
1988年の11月から、1989年の1月の間に、東京都足立区綾瀬で起きた、わいせつ誘拐・略取、監禁、強姦、暴行、殺人、死体遺棄事件。

13　mixi
2,000万人が利用する交流サイト。

14　Wikipedia
ウィキペディア財団が運営するインターネット百科事典。

■ 有名人が加害者になった事例

有名人が加害者となった事例もある。タレントの**デヴィ夫人**[15]である。デヴィ夫人は、**大津市いじめ自殺事件**[16]に関連して、自らのブログにある女性の写真を掲載して、いじめの加害少年の母親かのように読める文章を書いた。被害を受けた兵庫県宝塚市の50代の女性スタイリストは、1,100万円の損害賠償を求めた訴訟を起こした。これに対し神戸地裁は、2014年2月17日この行為を「名誉を毀損して社会的評価を下げた」と認定し、慰謝料など165万円の支払いを命じている。デヴィ夫人もまた、ネット上に書き込まれて拡散されたウワサを、信じてしまっていたのである。

> **大津の中2いじめ自殺でデヴィ夫人に賠償命令　ブログ無断掲載で名誉毀損**
>
> 　大津市の中2男子自殺に絡み、タレントのデヴィ夫人のブログに写真を無断掲載され、いじめの加害少年の母親と誤解されたとして、兵庫県宝塚市の50代の女性スタイリストが、1,100万円の損害賠償を求めた訴訟の判決で、神戸地裁は17日、慰謝料など165万円の支払いを命じた。ブログへの謝罪文掲載は認めなかった。
>
> 　工藤涼二裁判長は判決理由で「名誉を毀損し社会的評価を下げた」と認定。デヴィ夫人を「著名な芸能人で、一定の信用や影響力がある」と指摘し、何の裏付けもなく写真を無断掲載して発信したこと自体、非常に安易で軽率だ、と非難した。判決によると、デヴィ夫人は平成24年7月、加害少年とされる数人の写真とともに、女性の写真もブログに掲載。女性が加害少年の母親かのように読める文章を載せた。（後略）
>
> 出典：毎日新聞2014年3月27日13時30分（最終更新3月27日13時32分）

有名人が被害者であったために、名誉毀損になったわけではない。また、有名人が加害者であったために、名誉毀損になったわけではない。有名人であっても、一般人であっても、ネット上で社会的な評価を低下させるような書き込みを行うと、同様に名誉毀損となる。別れた元カノの裸写真をネット掲示板に掲載して名誉毀損に問われた住職もいる。

> **住職に裸写真ネット掲載される**
>
> 　不倫相手の住職に、裸の写真をインターネット上で公開され、名

15　デヴィ夫人
ラトナ・サリ・デヴィ・スカルノ。インドネシアのスカルノ元大統領第3夫人。

16　大津いじめ自殺事件
2011年10月11日に滋賀県大津市内の市立中学校の男子生徒（当時2年生）が、いじめを苦に飛び降り自殺をした事件。この事件をきっかけに「いじめ防止対策推進法」ができた。

誉を傷つけられたとして、岡山市内の30歳代の女性が4日、岡山県美咲町の寺の住職（48）と、この住職を任命した宗教法人・天台宗（大津市）などを相手に、慰謝料など1,000万円の損害賠償を求める訴えを岡山地裁に起こした。

訴えによると、女性は2005年1月ごろから住職と交際を始めた。相手に妻子がいることが分かり、別れ話を切り出したところ、06年3月、住職から電話で「写真をばらまき、岡山におれんようにしてやる」と脅され、ネットの掲示板上に、実名とともに、住職が撮影した女性の裸の写真数枚を掲載された。

また、天台宗は女性側に「（住職の行為は）許せないこと。厳正に処分する」と伝えながら、現在も住職を同寺にとどまらせ、監督責任を果たしていないとしている。

住職は同年6月、女性への脅迫と名誉毀損の罪に問われ、岡山簡裁から罰金80万円の略式命令を受けた。（後略）

出典：毎日新聞2007年9月5日

[3]動画投稿での名誉毀損

私たちが日常的に利用する動画投稿サイトにおいても、名誉毀損が発生している。ネット社会では誰もがスマホで簡単に動画を撮り、ネットに投稿できる。この利便性がアダとなった。知人の女性（22）が着替えている場面を盗撮して、その動画をインターネットの動画投稿サイトに投稿した大学生が、名誉毀損容疑で逮捕されている。

■ 大学生が加害者になった事例

盗撮動画をネット投稿した大学生…名誉毀損容疑

浜松中央署は29日、浜松市中区泉、大学生○○○○容疑者（22）を名誉毀損の疑いで逮捕した。発表によると○○容疑者は2010年8月20日頃、知人の女性会社員（22）の顔写真や着替えの場面などを盗撮した動画を、インターネットのアダルトサイトに投稿し、女性の名誉を傷つけた疑い。

出典：読売新聞、2011年8月30日10時43分

小学生から高齢者まで、多くの人がスマホを携帯している。誰でも手軽にすぐビデオを撮影できることから、動画にまつわるトラブルが多く発生している。特に、盗撮はモラルに反する行為である。盗撮行為は迷惑防止条例違反であるし、トイレや

更衣室での盗撮は軽犯罪にもなる。また、被害者本人が望まない私生活を撮影したならば、プライバシー侵害ともなる。

スマホは動画撮影を手軽にした半面、犯罪へのハードルも下げたといえる。

2 侮辱

[1] デブ発言での侮辱

名誉毀損は社会的な評価を低下させる言動であった。では、侮辱とはどのような言動なのだろうか。侮辱とは、相手の名誉感情を害することをいう。具体的には、人をバカにする言動が該当する。お酒の席で女性の容姿をけなした言葉が、侮辱罪に問われた事例がある。

■ デブ発言で拘留になった事例

> 飲食店で初対面の20代の女性客を「デブ」とけなしたとして、侮辱罪に問われた山梨県大月市の市議（55）に対し、最高裁第2小法廷は、被告側の上告を棄却する決定を出した。侮辱罪の法定刑で最も重い拘留29日とした1、2審判決が確定する。

出典：毎日新聞　2006年9月13日

山梨県大月市の市議（55）は、飲食店で初対面の20代の女性客を「デブ」とけなした。日本の女性は大和撫子と称され、おとなしくて優しいとして世界でも評判が高い。「妻にするなら日本女性」という言葉があるくらいだ。そのような日本女性であるから、デブ発言を見逃してくださる方もいる。しかし、この女性は許さなかった。

この事件は、人を軽蔑・侮辱する発言は、れっきとした犯罪行為であり、罰金だけでなく**拘留**[17]もあり得るということを示している。特に男性は、酒の席では気が大きくなることがある。そうなったとしても、女性の容姿をけなす発言は厳禁である。拘留もあり得ることを肝に銘じておかなくてはならない。ゆめ

17　**拘留（こうりゅう）**
1日以上30日未満の範囲で拘置所に収容すること。拘置所とは、被疑者、刑事被告人、死刑確定者、懲役受刑者を収容する法務省の施設で、主として刑事裁判が確定していない者を収容する。

ゆめ女性の容姿を人前やネットで批判しないことだ。

ネット上で人を軽蔑・侮辱する書き込みは犯罪行為となる。ブログやツイッター、フェイスブックで人をバカにする悪ふざけ発言、調子に乗った発言も慎みたい。

[2]名誉毀損と侮辱

名誉毀損は「社会的な評価を低下させる言動」、侮辱は「名誉感情を害する言動」という定義上の違いがあった。しかし、具体的には何が違うのか、さらに両者の違いを明確にしよう。

名誉毀損と侮辱は、どちらも刑法に規定された犯罪行為である。同じく犯罪でありながら、刑罰の重さが大きく異なっている。名誉毀損罪の刑罰は「3年以下の懲役、もしくは禁錮、または50万円以下の罰金」であり、侮辱罪は「拘留（1日以上30日未満）または科料[18]（1000円以上1万円未満）」である。

どこからこのような違いが生じるのかというと、要件が異なっている。名誉毀損罪は「公然と、具体的事実を摘示[19]して、人の名誉を毀損する」であり、侮辱罪は「公然と、事実を摘示しないで、人を軽蔑・侮辱する」である。具体的事実の摘示があったかどうかがカギとなる。つまり、具体的なことをいえば

[18] 科料（かりょう）
1,000円以上1万円未満の刑[刑法17条]。

[19] 摘示（てきし）
あばくこと。

名誉毀損罪と侮辱罪

No	項目	名誉毀損罪	侮辱罪
1	刑法	刑法第230条	刑法第231条
2	刑罰	3年以下の懲役、もしくは禁錮、または50万円以下の罰金	拘留（1日以上30日未満）または科料（1000円以上1万円未満）
3	時効	3年	1年
4	概要	(1) 公然と (2) 具体的事実を摘示して (3) 人の名誉を毀損する。	(1) 公然と (2) 事実を摘示しないで (3) 人を軽蔑・侮辱する。
5	保護対象	社会的な信用や名誉	社会的な信用や名誉（名誉感情）

出典：佐藤佳弘『情報化社会の歩き方』ミネルヴァ書房、2010年2月20日から作成

いうほど名誉毀損になり、罪が重くなるのである。

■ ネット上での発言が問題になった事例

ネット上での具体的な発言内容で、名誉毀損と侮辱の事例を見てみよう。パソコン通信のフォーラム（現在のネット掲示板）での発言が、名誉毀損に争われた**ニフティ事件**[20]がある。その判決が2001年9月に東京高等裁判所において下された。

ネット上での具体的な発言内容で、それぞれ名誉毀損と認定された発言、侮辱と認定された発言を見ると、両者の違いが見えてくる。

「アメリカの入出国法に違反」「二度の嬰児殺し」「二度も中絶」という発言内容は名誉毀損と認定された。この程度の具体性で「具体的事実を摘示」と見なされる。

他方、侮辱とされた発言内容は、「乞食なみ」「ペテン師女」「馬鹿」などである。具体的なことを挙げずに漠然とバカにしたり、軽蔑する発言は侮辱となる。

侮辱と認定された発言内容を見ると、日常会話で人を批判する時に使われる言葉や、児童生徒が教室でふざけて使っている

> [20] **ニフティ事件**
> ニフティサーブ現代思想フォーラム事件。東京高判2001年9月5日（確定）。パソコン通信ネットワーク上の発言による名誉毀損等の成否、名誉毀損等となる発言についてのシスオペの削除義務、パソコン通信の主宰者の法的責任等をめぐって争われた、損害賠償等請求事件。

【名誉毀損の発言と侮辱の発言】

名誉毀損と認定された発言

「経済的理由で嬰児殺しをやり」
「あの女はアメリカの出入国法にも違反した疑いが濃厚。これは完全な犯罪者」
「あの女は二度の胎児殺し」
「二度の胎児殺しとアメリカの移民帰化法違反による不法滞在」
「嬰児殺害と米国不法滞在を提唱するエセ・フェミニズム女」
「あれは二度も中絶している」

侮辱と認定された発言

「あの女は乞食なみじゃ」
「あの女の表の顔と裏の顔が明らかになる。そう、寄生虫的な逆差別女の思想的限界が」
「あの女は弱いのではなく、弱いフリをして、根性がひん曲がっている……。あれでは離婚になるでしょう」
「（被控訴人名）は何者か？ やはり、根性のひん曲がったクロンボ犯罪者なみです。この馬鹿だけは……」
「COOKIE一味はやはり馬鹿としか思えない。……あのペテン師女」
「COOKIEの馬鹿」

出典：ニフティサーブ現代思想フォーラム事件控訴審判決
東京高裁 平成9年（ネ）第2631号・同第2633号・同第2668号・同第5633号

言葉である。決して珍しい言葉ではない。しかし、これらがネットで使われると、侮辱罪という犯罪行為になるのである。

　侮辱罪の刑罰は最長29日間の拘留である。最悪の場合は、1カ月もの間、仕事場に行けずに拘置所で過ごすことになる。社会的な信用を失うことは間違いないだろう。人を侮辱するということは、それほど重いことなのである。

　18ページで紹介した、電車内での男女の言い争いのケースはどうだろうか。女性がホームで言い放った罵声、「あんたキモイんだよ。バッカじゃないの！」に対して、男性は「名誉毀損で訴えてやる」と言い返した。

　女性が放った罵声には、具体的事実が含まれていない。単に男性を罵った言葉である。つまり、具体的事実の摘示がないため、名誉毀損罪にはならない。可能性としては侮辱罪である。

　従って、男性が言い返すのであれば「名誉毀損で訴えてやる」ではなく、正しくは「侮辱罪で訴えてやる」だったわけである。つまらないところで揚げ足を取られないように、正しい知識を持っておきたいものである。

[3] メールでの暴言

　インターネットには、電子メールという便利なコミュニケーションの機能がある。この電子メールで相手を罵倒するメール文を送ったとしたら、法的にはどうだろうか。具体的事実が書かれていれば名誉毀損罪に該当し、漠然とバカにする言葉ならは侮辱罪に該当するのだろうか。実は、どちらにも該当しない。

　電子メールで相手をどんなに罵倒したとしても、名誉毀損罪にも侮辱罪にもならない。ネット上での書き込みと、電子メールとでは扱いが異なるのである。

　名誉毀損罪と侮辱罪には、どちらにも成立要件に「公然と」がある。電子メールは基本的に1対1の会話であるため、「公然と」を満たさない。要件を満たすことができず、名誉毀損罪にも、侮辱罪にもならないのである。

　出来の悪い部下を一人だけ会議室に呼び出して、「お前はバカだ！無能だ！」「役に立たず！」「給料泥棒！」「辞めちまえ！」などと、どんなに罵倒しようとも、1対1である限り、「公然と」

を満たすことができず、名誉毀損罪にも侮辱罪にもならない。

ただし、罵倒されたことによって、本人が精神的なショックを受けて、出勤できなくなったり、仕事ができなくなったりした場合には、損害賠償責任を負う可能性がある。つまり、刑事的な責任はなくても、民事的な責任を問われるということである。

「公然と」の要件を満たさないのは、電話も同様である。また、1対1で行われたLINEでのやり取りも、「公然と」にならない。ただし、電子メールを複数人に配信したり、メーリングリストであったり、グループトークでのLINEの会話の場合には、名誉毀損罪や、侮辱罪になる恐れがある。

1999年に初の有罪判決が下った電子メールによる名誉毀損事件では、まさに4,200人の会員に配信したことで、「公然と」の要件が満たされたのである。

[4] 公然の人数

どの程度の人数であれば、「公然と」の要件を満たしたことになるのか。それは、行為が行われた状況や、過去の判例を踏まえた司法の判断となる。会議室やトイレでの会話など、人数が少ない場であっても、

・それらの者が話すことで伝播していく可能性が予見でき、
・伝播されることを期待して該当行為を行えば、

侮辱罪や名誉毀損罪が成立する可能性がある。

ネット上のSNSで公開範囲を限っていたり、グループ内だけに送信したつもりでも、受信した者がさらに転送や流用することで、拡散することも考えられる。その場にいなかった者にまで伝播していくことが予期された場合は、「公然と」の要件が成り立つこともある。

このように、伝播可能性も考慮するため、裁判ではかなり少ない数でも「多数」とすることがある。判例では25人程度の者の前での行為に、名誉毀損罪の成立を認めたり(最判昭和36年10月13日)、伝播性を考慮して同罪の成立を認めたりしている(最判昭和34年5月7日)。

> **名誉毀損事件の判例**
> 多数人の面前において人の名誉を毀損すべき事実を摘示した場合は、その多数人が所論の如く特定しているときであっても、刑法２３０条の罪を構成するものと解すべきである。
> 出典：(最判昭和36年10月13日)事件番号　昭和33(あ)2480

[5]侮辱での逮捕はあるか

　人をバカにしたくらいで逮捕されることがあるのだろうか？という疑問があるだろう。逮捕には、「逮捕状による逮捕」、いわゆる通常逮捕と「現行犯逮捕」の2つがある。住所不定だったり、逃亡の恐れがない限り、侮辱容疑の場合は、「逮捕状による逮捕」も、「現行犯逮捕」もない。

　「逮捕状による逮捕」は、刑事訴訟法第199条に定められている。第199条は、30万円以下の罰金、拘留、または科料に当たる罪については、「被疑者が定まった住居を有しない場合」、または「正当な理由がなく前条の規定による出頭の求めに応じない場合」に限るとしている。

　侮辱罪は、拘留、または科料に当たる罪であるため、第199条により、住居が定まっていれば通常逮捕に該当しない。

> **刑事訴訟法第199条（逮捕状による逮捕）**
> 1. 検察官、検察事務官又は司法警察職員は、被疑者が罪を犯したことを疑うに足りる相当な理由があるときは、裁判官のあらかじめ発する逮捕状により、これを逮捕することができる。ただし、30万円（刑法、暴力行為等処罰に関する法律及び経済関係罰則の整備に関する法律の罪以外の罪については、当分の間、2万円）以下の罰金、拘留、または科料に当たる罪については、被疑者が定まった住居を有しない場合、または正当な理由がなく前条の規定による出頭の求めに応じない場合に限る。

　また、現行犯逮捕については、刑事訴訟法第217条により、30万円以下の罰金、拘留、または科料に当たる罪の現行犯に

> **刑事訴訟法第217条（軽微事件と現行犯逮捕）**
> 第217条 30万円（刑法、暴力行為等処罰に関する法律及び経済関係罰則の整備に関する法律の罪以外の罪については、当分の間、2万円）以下の罰金、拘留、または科料に当たる罪の現行犯については、犯人の住居、もしくは氏名が明らかでない場合、または犯人が逃亡するおそれがある場合に限り、第213条から前条までの規定を適用する。

ついて、「犯人の住居もしくは氏名が明らかでない場合」、または「犯人が逃亡するおそれがある場合」に限り、現行犯逮捕ができるとしている。これにより、住居が定まっていれば、侮辱罪は現行犯逮捕にも当たらない。

ちなみに、現行犯逮捕は、警察官だけに認められた特権ではない。一般人であっても、現行犯逮捕を行うことができる。

3 信用毀損

3.1 企業に影響を与える悪評

[1] 組織へのダメージ

社会的な評価を低下させる行為や、名誉感情を害する行為の他にも、人権を侵害する行為がある。それは、「信用を低下させる行為」である。虚偽の情報をネット掲示板に書き込んだり、メールやSNSで流布させると、人や法人、団体の信用を損なうことになる。信用を低下させる行為は、信用毀損となる。ここでいう信用とは、特に支払い能力、商売・営業能力などのビジネス上の社会的評価のことである。

また、虚偽の情報を流したことで、業務の正常な遂行に支障を生じさせると、（偽計）業務妨害罪にもなる。このように、信用毀損と業務妨害は深く関わっているため、ともに「**信用毀損及び業務妨害罪**[21]」として刑法第233条に規定されている。

信用毀損及び業務妨害罪は**親告罪**[22]ではない。つまり、容疑者の逮捕には、建前上は被害者による告訴を必要としない。親告罪ではないため、本来は告訴がなくても警察が捜査を開始するはずであるが、実際に警察に動いてもらうためには、実務上は告訴が必要となる。

留意すべきは、「信用毀損となるのは虚偽の書き込みに限る」ということである。書き込みの内容が真実である場合は、信用毀損とはならない。いわゆる、タレこみや告発は、内容が真実であれば合法となる。ちなみに、名誉毀損の場合は、書き込み

21　**信用毀損及び業務妨害罪（刑法第233条）**
虚偽の風説を流布し、または偽計を用いて、人の信用を毀損し、またはその業務を妨害した者は、3年以下の懲役、または50万円以下の罰金に処する。

22　**親告罪（しんこくざい）**
告訴がなければ刑事裁判ができない犯罪。告訴は原則として、被害者が行う。

の内容が虚偽であるか真実であるかは問わない。たとえ真実であっても、相手の社会的な評価を低下させれば、名誉毀損は成立する。

　自治体、学校、企業などの組織に対して、悪評を立てるネット上での書き込みが存在する。その組織の構成員である職員、教員、社員を誹謗中傷する書き込みもある。また、経営者、役員、事業主に対する誹謗中傷の書き込みが行われることもある。これらは、社会的な信用を低下させて、悪評を生み、顧客離れ生徒離れの引き金にもなる。このような書き込みを放置すると、多くの人の目に留まり、構成員の労働意欲や士気の低下にもつながる。負の連鎖は、離職者の増加、就職希望者の減少、内定辞退者の増加にもつながっていく。

　ネット上での悪評は、駅前の電信柱に中傷ビラを貼られているのと同じ状態だと考えなくてはならない。早期に削除する必要がある。

誹謗中傷する書き込みによるダメージ	
●組織イメージのダウン	●労働意欲、士気の低下
●社会的信用の低下	●離職者の増加
●悪評による顧客離れ	●就職希望者の減少
●業績の低下	●内定辞退者の増加

[2]ネットでの信用毀損

　ネット上に書き込んだ情報が虚偽であり、人や企業の信用を毀損することになれば、信用毀損罪となる。具体的な書き込み例としては、「○○会社は経営状態が危ない」「○○店は消費期限を偽装している」「○○社の商品は欠陥だ」などがある。

信用毀損の書き込み例
●○○会社は経営状態が危ない。
●○○店は消費期限を偽装している。
●○○社の商品は欠陥だ。

■ウソの書き込みが信用毀損となった事例

養豚場で病気…HPにウソの書き込み
　養豚場で病気が発生したと、ウソの情報を京都府畜産課運営のH

> Pに書き込んだとして、府警亀岡署は容疑者（32）を信用毀損容疑で逮捕。
> 出典：毎日新聞 2006年11月21日

　退職した元従業員が、会社批判を書き込んで信用毀損となった事例もある。退職者は円満退社ばかりではない。特に、定年前に退職する者は、不満を抱えてやむなく職場を去る者もいる。退職後にネットで不満をぶちまけてうっぷんを晴らすことが、信用毀損につながるのである。

■ 退職者による悪評が信用毀損となった事例

> 元従業員が「2ちゃんねる」で会社批判
> 「業務は多忙で休日もほとんどない」
> 「朝7時から夜中の2時、3時もざらであった」
> 　信用毀損および名誉毀損で、元従業員に対し、会社に100万円、社長、専務に30万円の損害賠償を命じた。
> 出典：東京地裁平成14年9月2日の判決

　企業の採用担当者は、就職活動中の学生にも気を付けなければならない。内定をとれなかった腹いせに、採用面接の感想を悪く書いてネットに投稿する「就活モンスター」もいる。その書き込みの影響は侮れない。就職活動中の学生は、就活情報サイトを利用して、採用面接の様子について情報を得ているからだ。また、現役の社員が就活生へのアドバイスとして、会社の実態を誇張して書き込むこともある。

[3] ネットでの業務妨害

　ネット上での殺人予告、爆破予告、襲撃予告の書き込みは、正常な業務遂行の妨げとなり、業務妨害となる。通常以上の警備や見回り、人員の配置を余儀なくされるからである。ネットへの書き込みという間接的な行為によって業務を妨害するため、「偽計業務妨害罪」ともいう。これに対して、実力行使に

偽計業務妨害となる書き込み
- 殺人予告
- 爆破予告
- 襲撃予告

よる直接的な業務妨害は、**威力業務妨害罪**[23]という。

■ 皇族に対する危害予告の事例

　２ちゃんねる掲示板に、皇族を脅迫する投稿がされた。この投稿は、警戒を強化させたことになり、偽計業務妨害となった。あたかも韓国籍の者が書き込んだかのように装っているものの、逮捕された男（43）は日本人であった。

> **佳子さま脅迫、容疑で男逮捕＝２ちゃんねるに危害書き込み－警視庁**
> 　秋篠宮ご夫妻の次女佳子さま（20）に危害を加える書き込みをインターネット上にして、皇宮警察に警戒を強化させたとして、警視庁捜査１課は21日、偽計業務妨害容疑で、無職○○○○容疑者（43）＝東京都新宿区大久保＝を逮捕した。容疑を一部否認し、「警察の業務を妨害するとは思っていなかった」と供述している。
> 　逮捕容疑は今月16日午後、自宅でiPad（アイパッド）から、インターネット掲示板「２ちゃんねる」に佳子さまを名指しし、「逆らえないようにしてやる」「（佳子さまの大学には）同志の仲間がたくさんいる」などと投稿。皇宮警察に通常の２～３倍の警戒態勢を敷かせるなどした疑い。
>
> 出典：時事ドッドコム　2015/05/21-12時10分

```
>>1
あのさ
何が暴言な訳？
佳子なんか本来なら汚れた子孫で生まれてきてはならない女なんだが
てかこいつ日本人の琴線に触れるんだ～
へー
がいいこと学んだ
決めたわ
佳子を韓国人の手で韓国人の男に逆らえないようにしてやる
ICUには同志の仲間がたくさんいるからな
ネトウヨや日本人が泣き叫ぶのが見られるなら安いもんだ
```
　　　　　　　　　　　出典：２ちゃんねる　掲示板、2015年5月16日

　遠隔操作ウイルス事件[24]では、４人が誤認逮捕された。他人になりすまして行われた殺人予告、爆破予告、襲撃予告の書き込みは、業務妨害容疑となった。また、小学生もネットで業務妨害を起こしている。年齢制限もなく、誰もが自由に発信できるというネットの利点は、犯罪の低年齢化に一役買っている。

> **殺人予告：9歳女児、ネットに「小学生殺す」いたずらで、最年少検挙－福岡**
> 　福岡県警は8日、インターネットの掲示板に「殺人予告」を書き

23　**威力業務妨害罪**
刑法234条。直接的、有形的な方法で人の業務を妨害する行為を処罰する。3年以下の懲役、または50万円以下の罰金。

24　**遠隔操作ウイルス事件**
2012年に他者のパソコンを遠隔操作して、殺人予告や襲撃予告を行った事件。2015年2月4日、東京地方裁判所は懲役8年の実刑判決を下し、確定した。

込んだとして、県内に住む小学4年生の女児（9）を軽犯罪法違反（悪戯業務妨害）の非行事実で、児童相談所に通告した。

　調べでは、女児は6月28日、自宅のパソコンから「下校中の4年生を殺す」と書き込んだ疑い。「殺すつもりはなかった」と話しているという。女児は数年前からインターネットを使っていた。県警によると、秋葉原の17人殺傷事件以来、少年少女による同様の検挙・通告は7人目で、9歳は最年少だという。【和田武士】

出典：毎日新聞2008年7月9日東京朝刊

遠隔操作ウイルス事件でのなりすましによる予告
- 横浜市に小学校無差別殺人予告（6月29日）
- 大阪市に商店街無差別殺人予告（7月29日）
- 首相官邸に皇居ランナー無差別殺人予告（7月29日）
- 日本航空に旅客機爆破予告（8月1日）
- 掲示板に「コミケで大量殺人」予告（8月9日）
- 掲示板に天皇殺害予告（8月9日）
- お茶の水女子大付属幼稚園に襲撃予告（8月27日）
- 学習院初等科に襲撃予告（8月27日）
- 有名タレント事務所に殺害予告（8月27日）
- 部落解放同盟に襲撃予告（8月27日）
- 掲示板にアイドルグループイベントへの襲撃予告（8月29日）
- 掲示板に伊勢神宮爆破予告（9月10日）
- 掲示板に任天堂爆破予告（9月10日）

日付はいずれも2012年　　出典：毎日jp　2013年2月11日

[4] 従業員の処分

　自社の従業員が、就業時間外に個人所有の機器を使って、ネット上で会社批判や上司への中傷を行ったとする。この場合、私生活での行動を理由に解雇・懲戒処分ができるだろうか？

　答えはイエスである。組織やその一員に対する誹謗中傷、人格を著しく傷つける言動、不当な内部告発、不相当な部分を含む見解の発表を行った従業員に対する解雇・懲戒処分は、有効になり得る。

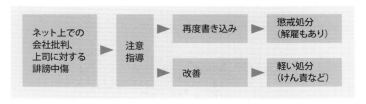

ただし、解雇権の濫用は制限されている。労働契約法16条には「解雇は、客観的に合理的な理由を欠き、社会通念上相当であると認められない場合は、その権利を濫用したものとして、無効とする」と記載されている。

処分を正当化できるポイントとしては、「書き込みの内容が虚偽であり、企業の信用を失墜させる」「企業の社会的評価を毀損する」「円滑な企業運営に支障をきたす」「企業秩序を乱す恐れがある」などの理由が考えられる。

処分のポイント
- 企業の信用を失墜させる。
- 企業の社会的評価を毀損する。
- 円滑な企業運営に支障をきたす。
- 企業秩序を乱す恐れがある。

3.2 会社としてなすべきこと

- 社内規定の整備
- 退職者プログラムの整備
- 教育・研修・啓発の推進
- モニタリング
- 悪評対応の体制整備
- 企業の説明責任

[1] 社内規定の整備（就業規則等での明記）

会社がなすべきことは、まず社内ネットの利用に関する規定を見直すことである。規定には、不正アクセス、プライバシー侵害、企業への誹謗中傷、セクハラその他の違法目的での利用禁止、業務外利用などの禁止を明記しておかなければならない。

また、企業施設の業務外利用を禁止する規定だけでなく、違反の疑いが生じた場合には、モニタリングを実施することも明

労働契約法
（労働契約の内容の変更）
第8条　労働者及び使用者は、その合意により、労働契約の内容である労働条件を変更することができる。
（就業規則による労働契約の内容の変更）
第9条　使用者は、労働者と合意することなく、就業規則を変更することにより、労働者の不利益に労働契約の内容である労働条件を変更することはできない。ただし、次条の場合は、この限りでない。

確にしておく。そして、規則に違反した場合の制裁も明文化する。明文化する方法としては、就業規則の服務規律に追加する方法がある。また、不正アクセス対策、個人情報の保護等の一般的なシステム管理に関する**別規定**[25]に記載することも可能である。

ただし、労働基準法第89条（作成及び届出の義務）において、就業規則内容の別規定化が自由化されているので、詳細な規定を置き、その規程が就業規則の別規定でも、就業規則の一部であり、その違反が懲戒処分の対象になることを明確にしておくとよい。また、労働条件の不利益変更となるような場合は、労働契約法第8条から第10条にも留意する必要がある。

[2] 教育・研修・啓発の推進（人的措置）

教育・啓発の具体的な施策としては、情報モラル向上のための講習会、研修会、講演会などがある。ネット人権侵害の教育・啓発を推進し、コンプライアンス体制を確立しなくてはならない。社内で問題が生じた場合、自浄できる組織体制にするのである。

コンプライアンス体制の確立には、従業員（正社員、契約社員、嘱託社員、派遣社員、パート社員、アルバイト社員など）のみならず、取締役、執行役、理事、監査役、監事も含めた全社員の研修が必要である。社会的責任を果たすことができる組織にするための全体的な取り組みが求められる。

[3] 悪評対応の体制整備（相談窓口、対応部署、弁護士）

ネット上の評判を監視すること、そして発見した悪評に対処することが業務として重要になる。被害を受けた従業員の相談に応じる部署、外部からの苦情に対応する部署、従業員を研修する部署を明確にし、これらの仕事を業務として位置付ける必要がある。これらは組織を持続的に維持するための重要な業務である。ネットの悪評から組織と従業員を守るための体制が整備されていないままの企業活動は、非常に危いと言わざるを得ない。

---

25 たとえば「コンピュータ及びデータ等管理規定」など。

[4]退職者プログラムの整備

　会社に対する悪評の書き込みには、退職者によるケースもある。不満を抱えたまま退職すると、退職後にネットで会社を非難する動機につながる。このような行為を抑止する施策として、退職者プログラムの整備がある。多くの企業に退職者を対象とした再就職支援プログラムはあるものの、途中退職者を対象とした悪評防止プログラムはなおざりにされている。

　途中退職者は、訳あって、やむなく退職する。その職場で働き続ける意欲を失ったのである。なぜ退職の決意に至ったのかを知れば、会社にとっても有用な情報になるであろう。

　しかし、「立つ鳥跡を濁さず」として、退職前に本音を話さないことは、退職者の流儀でもある。現実的には、本当の理由を得ることは難しいと思われる。それでも、たとえ形式的であったとしても、本音を述べる場が用意されていたことで、ケアの効果が期待できるであろう。

　「職前に会社への不満を吐き出させる」というケアの措置と同時に、逆恨みでの会社批判を抑制するために、釘を刺す措置も必要となる。このプログラムの中で秘密情報、個人情報の保護、企業に対する誹謗中傷の禁止などについて、誓約書を取り付けることも検討するとよい。

[5]モニタリング、ネット利用の記録(物理的措置)

　業務遂行のために、従業員に貸与している機器や設備が、業務目的で使われているか否かを、会社は検査することができる。つまり、建前上は、会社は従業員のインターネット閲覧や電子メールの私的利用を、従業員に無断でチェックできる。だが現実的には、労使の無用なトラブルを避けるために、個人情報保護やプライバシー保護への配慮が必要になる。

　モニタリング機能が用意されていて、モニタリングを実施することがあることを従業員に周知するだけでも、私的使用の抑止効果がある。

　経済産業省は、「個人情報の保護に関する法律についての経済産業分野を対象とするガイドライン」の中で、「従業者のモ

ニタリングを実施する上での留意点」として、モニタリングの目的を社内規定に定めるよう求めている。

> 従業者のモニタリングを実施する上での留意点
> 1. モニタリングの目的、すなわち取得する個人情報の利用目的をあらかじめ特定し、社内規程に定めるとともに、従業者に明示すること
> 2. モニタリングの実施に関する責任者とその権限を定めること
> 3. モニタリングを実施する場合には、あらかじめモニタリングの実施について定めた社内規程を策定するものとし、事前に社内に徹底すること
> 5. モニタリングの実施状況については、適正に行われているか監督、または確認を行うこと
>
> 出典:経済産業省「個人情報の保護に関する法律についての経済産業分野を対象とするガイドライン」平成26年12月(平成26年12月12日厚生労働省・経済産業省告示第4号)

従業員に職務専念義務があることは、通常は就業規則に記載されている。従って、就業時間中にインターネットを私的利用することは、義務違反となる。また、業務遂行のために貸与されている機器やネット環境を私的利用することは、目的外使用の違反行為でもある。

> 従業員の義務(通常は就業規則に規定されている。)
> ● 労働契約上の義務
> (1) 労務提供義務
> ● 労働契約上の付随義務
> (2) 職務専念義務
> (3) 企業秩序遵守義務(誠実義務、忠実義務)
>   ・就業規則を遵守するなど労働契約上の債務を忠実に履行する義務
>   ・使用者の正当な利益を不当に侵害しない義務
>   ・使用者の名誉、信用を毀損しない義務
> (4) 秘密保持義務
> (5) 施設管理義務

> 就業規則のサンプル
>
> 就業規則
> 第3章 服務規律
> 第19条 (パソコン及び携帯電話の使用)
> 従業員は、パソコン及び業務用携帯電話を悪用し、または私事に私用してはならない。
> (2) 会社は、必要に応じて、会社貸与機器による電子メールの内容および電子機器を監視・監査することがある。

従業員がインターネット上に情報を発信する際は、企業秩序遵守義務（誠実義務、忠実義務）に則り、公序良俗に反したり、他者の権利を侵害するなどして、会社の信用・品位を傷つけてはならない。その行為が、たとえ就業時間外の私生活での発信であっても、個人所有の機器やアカウントを使った発信であっても、義務違反となる。

> **東京地裁判決平13.12.3F社Z事業部事件判決**
> 判旨は、プライバシー侵害について、「通信内容等が社内ネットワークシステムのサーバーコンピューターや端末内に記録されるものであること、社内ネットワークシステムには当該会社の管理者が存在し、ネットワーク全体を適宜監視しながら保守を行なっているのが通常であることに照らすと、利用者において、通常の電話装置の場合とまったく同程度のプライバシー保護を期待することはできず、当該システムの具体的状況に応じた合理的な範囲での保護を期待し得るに止まる」とし、社内ネットにおけるプライバシー保護には限界があることを指摘しました。
> 社内ネットの私的利用は、社内で就業規則があれば当該規定により、また規則が無くても就業規則中の企業施設の私的利用禁止規定に基づき、懲戒処分の対象になり得る行為であることから、私的利用が明らかに濫用に至った場合、あるいは、セクハラや、企業への誹謗中傷に使用されている合理的疑いがある場合等には、企業としてモニタリングを実施することも、違反の有無に関する必要な調査として合理性があり、適法とされるものと考えられます。
>
> 出典：「ホームページ、掲示板、ブログ…会社を誹謗中傷するネット上の書込みへの対応」萬幸男・弁護士（萬法律事務所）日本の人事部ホームページ

[6]企業の説明責任

ネット上での悪評の内容や、うわさの影響度に応じて、会社は説明責任を果たさなければならない。説明の相手は、ステークホルダー（企業を取り巻く利害関係者）である株主、顧客・消費者・取引先、さらには被害者、従業員、その家族である。

事実誤認に基づく会社批判や、根拠のないうわさ、いわれなき誹謗中傷に対しては、自社の公式ホームページ上で適正に反論して、正しい情報を公表すべきである。決して、書き込みがされたネット掲示板やブログ上では反論してはならない。その行為は火に油を注ぐことになり、炎上したり、拡散に弾みをつ

けることになり、問題解決には逆効果となる。

4 脅迫

「○○駅前で殺人します」という殺害予告や、「○○区役所に爆弾をしかけました」という爆破予告は、現場で通常以上の警備態勢を強いることになり、業務妨害罪となる。これに対して、相手を名指しした殺害予告や暴行予告は、**脅迫罪**[26]となる。

脅迫罪には、名誉毀損罪や侮辱罪のような「公然と」という要件はない。メールやSNS、電話でも成り立つ。

ただし、起訴した場合には、脅迫の事実を立証しなければならない。そのため脅迫された証拠を保存する必要がある。

証拠の保存方法については、巻末付録「画面の保存方法」を参照されたい。

また、注意を要することは、「脅迫の対象として認められるのは、被害者本人か親族に限られる」ということである。

たとえば、「彼女をボコボコにしてやる」「お前のペットをなぶり殺す」という脅かしは、脅迫罪にはならない。

家族同然に可愛がってきたペットが、脅迫罪の対象外ということは、愛犬家や愛猫家にとっては何ともしがたい法律の壁である。

■ 有名人が脅迫された事例1

> **脅迫：ネットに爆笑問題・太田さん殺害予告…容疑の男逮捕**
>
> 人気お笑いコンビ「爆笑問題」の太田光さんの殺害を予告する書き込みをインターネット掲示板にしたとして、警視庁杉並署は27日、埼玉県上尾市上尾村、無職、○○○○容疑者（32）を脅迫容疑で逮捕したと発表した。太田さんが殺人予告の書き込みをする人たちを批判する発言をしたことをネットで知ったといい、「逆に太田さんを殺すと書き込めば笑いのネタになると思った。本当に殺す気はなく、冗談のつもりだった」と供述しているという。
>
> 調べでは、○○容疑者は今月8日午後1時ごろ、自宅のパソコンで掲示板「2ちゃんねる」に接続。「爆笑問題の太田光を殺します。包丁で刺し殺します。ご期待ください。これは犯行予告だ」などと

[26] **脅迫罪（刑法第222条）**
2年以下の懲役、または30万円以下の罰金。時効は3年である。

書き込んで脅迫した疑い。(後略)【佐々木洋】

出典:毎日新聞2008年7月27日　11時24分（最終更新7月27日12時41分）

■ 有名人が脅迫された事例2

倖田來未さん:脅迫容疑でファンの男を逮捕　警視庁

インターネット上に歌手の倖田來未さん（26）を脅迫する内容の書き込みをしたとして、警視庁渋谷署は8日、埼玉県川越市中原町2、会社員、○○○○容疑者（31）を居泊容疑で逮捕した。渋谷署によると、○○容疑者は倖田さんのファンで「暗殺すると脅した。倖田さんを殺して自分も死のうと思った」などと容疑を認めているという。

逮捕容疑は、3月25日、倖田さんが所属する「エイベックス・グループ・ホールディングス」の社長が開設したブログの掲示板に、携帯電話を使い3回、「彼女は京都市の裏切り者です。京都駅で何者かに刃物で刺し殺されても知りませんよ。倖田さんを東京駅新幹線ホームで暗殺します」などと書き込み、同社や倖田さんを脅迫したとしている。(後略)

出典:毎日新聞2009年5月8日

脅迫容疑での逮捕が報道されるとき、有名人が加害者であったり、被害者であったりするケースが多い。ニュースバリューの点から、このような報道の偏りは仕方ないことであろう。しかし、もちろん有名人でなくても脅迫罪は成立する。

■ 一般人が脅迫された事例1

元妻の交際相手を名指しして、「殺すのちょー簡単」と携帯電話にメールを送った男が、脅迫容疑で逮捕された。メールは復縁しようとした元妻の携帯電話に送られたものである。しかし、復縁を迫った相手である元妻に対する脅迫ではなく、交際相手の男性に対する脅迫容疑となった。この場合、脅迫の対象と認められるのは、被害者本人（交際相手）に限られるからである

脅迫:元妻交際相手に「殺すの簡単」メール　容疑で男逮捕

元妻の交際相手を携帯電話のメールで脅したとして警視庁八王子署は13日、東京都福生市福生、派遣社員○○○○容疑者（43）を脅迫容疑で逮捕したと発表した。

逮捕容疑は10日午後、元妻の携帯電話に、元妻の交際相手の男性（34）を名指しして「殺すのちょー簡単」「今日いってやっかー」などと書いたメールを送り、男性を脅したとしている。同署の調べに

対し「元妻と復縁したかった」と容疑を認めているとう。

出典：毎日新聞　2014年4月13日14時25分（最終更新　4月13日15時12分）

■ 一般人が脅迫された事例2

「身体的な危害を与える」と伝えて脅かすことばかりが脅迫ではない。脅迫は、被害者が脅威に感じるかどうかがカギとなる。「新居に裸の写真や動画を送る。新婚生活を粉々に砕く」と書いたメールを送信した男が脅迫容疑で逮捕されている。

> 「裸の写真送り　新婚生活粉々に」メール送信容疑　元交際相手逮捕
>
> 都筑署は20日、住所不定、無職○○○○容疑者（37）を脅迫容疑で逮捕した。
>
> 同署幹部によると、○○容疑者は5日夜、横浜市の女性（25）に「新居に裸の写真や動画を送る。新婚生活を粉々に砕く」などと書いたメールを送信した疑い。
>
> ○○容疑者は2006年にインターネットの出会い系サイトで女性と知り合って約半年交際したが、その後連絡が途絶えた。今年9月頃、○○容疑者から再び連絡が来るようになり、11月下旬に「3万で手を切る」と言われ、女性は指定された口座に3万円を振り込んでいた。

出典：毎日新聞　2014年4月13日14時25分（最終更新　4月13日15時12分）

5 さらし

5.1 個人情報やプライバシーのネット掲載

個人情報やプライバシー情報を本人に無断でネットに書きこむ行為が「さらし」である。日常を見渡せば、多くの人が友人や関係者が写った写真を、加害者意識もなくSNSに掲載している。友人・知人の写真を無断で掲載する行為は、肖像権侵害や、プライバシー侵害になる恐れもある。これらの写真が悪用されたり、無断流用されてトラブルに発展することもある。

わが国のインターネットを利用した**人権侵犯事件**[27]の半数は、プライバシー侵害で占められている。それほど無断掲載による

---

[27] 法務省によると、2014年のインターネットを利用した人権侵犯事件は、1,429件であり、739件がプライバシー侵害である。

トラブルは多く発生しているのだ。

　話題性のある情報ほど、いったんネットに掲載されると拡散する。後から、書き込んだ本人が削除したとしても、**まとめサイト**[28]に転載されていれば手遅れである。文章も写真も動画も、半永久的にネット上に残り、拡散しながら漂流を続けることになる。もう本人がコントロールできる範囲を超えてしまうのである。

28　まとめサイト
ある話題を扱っているサイトへのリンクを集めたウェブサイト。キュレーションサイトともいう。

さらしの形態	
	● いたずら、嫌がらせでのさらし
	● 少年犯罪の加害者実名のさらし
	● 腹いせ、仕返しでのさらし
	● "祭り"での個人情報のさらし
	● 店員の悪ふざけでのさらし
	● 新聞投稿でのさらし

　ネット上で行われる様々な形のさらしを以下に解説する。

[1]いたずら、嫌がらせでのさらし

　年齢、性別、職業に関係なく、誰もが被害者になり得るものが、いたずらや嫌がらせによるさらしである。特に子どもたちは、友達を増やそうとして、安易に自分の連絡先アドレスや写真をプロフィールとして掲載してしまうケースがある。これらが悪用されるのである。

　ネットに個人情報を載せるということは、悪人に「どうぞ悪用してください」と差し出していることと同じだと認識しなければならない。特に女子の場合は、プロフィール写真を加工されてヌードに作り変えられたり、キャバクラのチラシに使われたり、出会い系メールが送られてきたりという被害にあうことになる。

　個人情報をネットに記載しないということは、ネット利用の基本のキである。しかし、自分が掲載しないようにしていても、完全にさらし被害を防ぐことはできない。なぜなら、自分が掲載しなくても、自分の関係者は自分の連絡先を知っているし、写真も持っているからである。悪意を持って、いたずらや嫌がらせでいくらでもさらすことができるし、悪意なくSNSに投稿した関係者の写真が悪用されたり、流用されることもある。

もしも、個人情報やプライバシー情報がネットにさらされていたり、悪用されていることを発見したら、早期に削除することが対処の基本となる。さらしを放置するということは、駅前の電柱に貼り紙をされたまま放置することに等しい。知ったならば、早期に削除しなければならない。削除方法については、第4章で解説をする。

[2]少年犯罪の加害者実名のさらし

日本の犯罪史を振り返ってみれば、未成年者による重大事件をいくつも知ることができる。

未成年者による重大事件
- 川崎市中1男子生徒殺害事件　2015年2月
- 佐世保女子高生殺害事件　2014年7月
- 大津市いじめ自殺事件　2011年10月
- 会津若松母親殺害事件　2007年5月
- 佐世保市の女児殺害事件　2004年6月
- 神戸連続児童殺傷事件（酒鬼薔薇事件）　2004年3月
- 長崎市の幼児誘拐殺人事件　2003年7月

被害者については、報道の名のもとに実名が明らかにされ、顔写真も掲載される。他方、加害者については、未成年であれば、マスコミは少年法に基づいた自主規制により、名前を伏せるし、顔写真を公表することもない。

しかしながら、ネット上では、報道された翌日には、未成年の加害者の名前があばかれ、顔写真が出回る。さらに親の氏名、顔写真、勤め先、連絡先も次々とさらされる。その上、兄弟姉妹の氏名、顔写真、学校名も容赦ない。そして、どんどんと拡散し、多くの人が目にすることになる。

■ 大津市いじめ自殺事件でのさらし

大津市のいじめ自殺事件の場合は、報道されるやいなや、すぐにネットで加害者とされる3人の生徒の氏名、写真がさらされた。担任教師にいたっては、氏名はもとより、最寄駅から自宅までの道順までが動画で公開された。

「未成年者であろうとも、悪いことをしたのだから名前を明らかにして非難を受けるべきだ。それが被害者に対する償いでもあり、社会的な制裁である」という意見を持つ人もいる。しか

ネット上の人権侵害

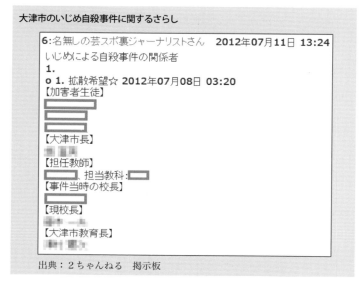

出典：2ちゃんねる　掲示板

し、考えてもらいたい。文明国においては、罪を犯した者への社会的な制裁は、人民ではなく司法が行うのである。

　未成年者の氏名を明かすことは、社会復帰の妨げにもなる。

[3]腹いせ、仕返しでのさらし

　個人的な腹いせや仕返しで行われるさらしの代表例が、リベンジポルノである。

■ リベンジポルノ

　フラれた腹いせに、元交際相手の裸写真などのわいせつ写真を復讐としてネットに投稿するのが「リベンジポルノ」である。三鷹ストーカー殺人事件[29]の元交際相手の男（21）が、交際中に撮影した性的な画像や動画をサイトに掲載していたことから、リベンジポルノという言葉が使われるようになった。

　この三鷹ストーカー殺人事件がきっかけとなり、リベンジポルノ被害防止法が、2014年11月に国会で可決、成立している。

■ リベンジポルノでの初の逮捕、有罪

　2015年2月に、リベンジポルノ被害防止法での全国初の逮捕者が出ている。ショッピングセンターの駐車場に、元交際相

29　三鷹ストーカー殺人事件
2013年10月に東京都三鷹市で女子高生(18)が元交際相手に殺害された事件。この事件を契機にリベンジポルノが議論されるようになり、2014年11月19日にリベンジポルノ被害防止法が成立した。

> リベンジポルノとみられる過去の主な画像流出（未遂含む）事件
>
> 2013年8月　元交際相手の女子大生に、復縁しなければ裸の写真をネットで公開すると脅かしたとして、警視庁が茨城県の防水工をストーカー規制法違反容疑で逮捕。
>
> 2012年2月　青森県内に住む知人女性の裸の画像をネットに投稿したとして、同県警が岩手県警の警部補を名誉毀損容疑で逮捕。
>
> 2009年7月　携帯サイトで知り合った女子高校生に交際を申し込んで断られ、「画像を流出させて親に買ってもらう」と脅かしたとして、滋賀県警が北海道美唄市の土木作業員を逮捕。
>
> 2009年2月　元交際相手の女性に復縁を断られ、ネットで女性の裸の画像を公開したとして、兵庫県警が名誉毀損容疑などで同県の会社員を逮捕。
>
> 2007年9月　復縁を断られた腹いせに、元交際相手の30代女性の裸の写真をネットに掲載したとして、宮城県警が青森海上保安部の1等海上保安士を名誉毀損容疑で逮捕。
>
> 出典：毎日新聞 2013年12月19日

手の裸写真をバラまいた容疑での逮捕である。同年5月に同法違反による初の有罪判決が言い渡された。

> **リベンジポルノで有罪判決　初逮捕の福島の男に**
>
> 　元交際相手の裸の写真をばらまいたとして、私事性的画像記録の提供被害防止法違反の罪に問われた福島県郡山市の無職、〇〇〇〇被告（33）に対し、福島地裁郡山支部（井下田英樹裁判長）は25日、懲役1年6月、執行猶予3年（求刑懲役1年6月）の有罪判決を言い渡した。
>
> 　〇〇被告は、復讐目的で元交際相手の裸の画像などを流出させるリベンジポルノを規制する同法（昨年11月施行）違反容疑で今年2月、全国で初めて逮捕され、3月に同罪で起訴されていた。
>
> 　判決によると、〇〇被告は、今年1月から2月にかけて、郡山市内のショッピングセンターの駐車場に、元交際相手の女性の裸や、一部衣類を着けていない姿の写真計約130枚を、4回にわたってばらまいた。[共同]
>
> 出典：日本経済新聞 2015年5月26日 1:33

■ ネットを使ったリベンジポルノで初の逮捕、有罪

　インターネットを使ったリベンジポルノでは、2015年6月

に初の有罪判決が言い渡された。元交際相手の裸写真をツイッターで公開したものである。

> リベンジポルノ：有罪　地裁判決「専門機関に更生期待」／神奈川
> 　元交際相手の女性の裸の写真をツイッターで公開したとして私事性的画像記録提供（リベンジポルノ）被害防止法違反などの罪に問われた鳥取県境港市、無職、○○○被告（39）に対し、横浜地裁（樋上慎二裁判官）は12日、懲役2年6月、保護観察付き執行猶予4年（求刑・懲役3年）の判決を言い渡した。
> 　県警によると、ネットを通じた写真の拡散行為を、昨年11月成立の同法違反で立件したのは全国初。
> 出典：毎日新聞2015年6月13日地方版

■ LINEでのリベンジポルノで初の逮捕

2015年6月には、LINEを使ったリベンジポルノで、初の逮捕者が出ている。

> LINE投稿でリベンジポルノ　防止法違反容疑　初の逮捕
> 　無料通話アプリLINE(ライン)に女性の裸の写真を投稿し、拡散させたとして、警視庁は二十二日、私事性的画像記録の提供被害防止法違反の疑いで、金沢市別所町、無職○○○○（26）と川崎市中原区上小田中一、無職○○○○（27）の両容疑者を逮捕したと発表した。ラインの投稿が同法違反容疑で摘発されるのは全国初。
> 出典：東京新聞2015年6月22日夕刊

［4］"祭り"での個人情報のさらし

　ネット上で、多くの者が協力して個人情報の調査にあたれば、個人の防衛力はひとたまりもない。特定の個人を標的にして、寄ってたかって個人情報をあばこうとする、ネットの「祭り」が行われることがある。ネット内では祭りの標的を常に探しているグループさえいる。そのようなグループにひとたび標的にされると、氏名、住所、年齢、写真、勤め先、家族構成などがあばかれ、ネット上にさらされてしまうのである。

　そして、さらされた個人情報は、他のネット掲示板、ブログ、SNS、まとめサイト、ミラーサイトに次々と転載されて拡散し、それらを削除することは、ほぼ不可能になる。

■ 店員を土下座させて逆にさらされた事例

　2013年9月、「しまむら」苗穂店に訪れた女性（43）は、購入した商品が不良だったとして、店長代理と社員の2人に土下座させた。女性は土下座の様子を写真に撮り、自身のツイッターに投稿した。すると、女性が土下座写真をツイッターで公開した直後、ネット掲示板では「店員を土下座させたクレーマーがいる」という、うわさが広がり、炎上の格好の標的となったのである。

　瞬く間に本名、住所、家族構成、年齢、生年月日、子どもの名前、顔写真、車の車種、職業、乗っている自家用車のナンバーまで暴かれ、自宅近くで娘と一緒の写真も撮られて公開された。騒動に気付いてツイッターアカウントを閉鎖するも、時すでに遅く、これらの個人情報はすでに収拾がつかないほど拡散してしまっていた。

［5］店員の悪ふざけでのさらし

　接客していた従業員、店員、アルバイトが、有名人の来店をネットに投稿して事件になった例も多い。上から目線で、相手をバカにしたようなコメントと共に掲載したことが問題となったり、同伴者を描写してプライバシー侵害となった例もある。

　一流ホテルの飲食店でバイトしていた女子大生が、有名人のデート現場をツイートし、それが拡散してニュースになり、支配人が謝罪する騒ぎになった。

> **バイトに悪質ツイッター投稿をさせない仕事の任せ方**
>
> 　（前略）実は彼女のフォロワーは100人もいません。少人数の友達に向けてつぶやいたつもりでした。でも、偶然見つけた愉快犯たちが「これは面白いネタになる」と飛びついたのです。しかも、拡散されたのはデートのスクープだけでなく、発信した彼女の本名、住所、生年月日、バイト先、顔写真、取得資格、卒業研究、学籍番号、就職希望先、ブログに書いていた正社員への悪口など、すべてがさらされてしまったのです。（後略）
>
> 出典：「PRESIDENT」2014年1月13日号、プレジデント社

　個人情報を扱う小売店も、さらしの現場となっている。有名人が来店し、クレジットカードで買い物をした際の伝票を、店

員が撮影して、ツイッターに投稿するという事件があった。従業員、パート社員、アルバイトを含めて、顧客の個人情報を扱う者には、情報モラル研修が必要であることを物語っている。

SNSを使って流した情報は、たとえ友達限定という閲覧制限を設定していたとしても、情報を受け取った者が自分のSNSに転載したならば、どんどんと多くの人が目にすることになる。つまり「公然と」述べたことと同じ状態になることを認識しなければならない。

■ クレジットカードの伝票をさらした事例

> **玉木宏の伝票をツイッター投稿の土産物店員ら解雇**
> 成田空港の土産物店店員らが俳優玉木宏（33）のクレジットカード伝票を撮影してツイッターに投稿した問題で、同店を経営するNAAリテイリング（千葉県成田市）は26日、店員の女性パート社員（19）を懲戒解雇処分、女性派遣社員（23）を派遣契約の解除処分にしたと発表した。
> 出典：スポニチ　2013年9月26日18時43分

[6] 新聞投稿でのさらし

新聞には読者が意見を投稿できるコーナーが用意されている。ところが、読者の声として紙面に掲載された意見が気に食わないとして、投稿者の個人情報を調べ上げ、ネットに掲載した上でバッシングするという事件が発生した。

読者の情報発信の手段が、裏目に出た形である。

> **朝日新聞への投書めぐり嫌がらせ　ネットで個人情報転載、自宅に電話も**
> 28日付朝日新聞によると、同紙の投書欄に掲載された投稿がネット上に無断転載され、投稿者の住所や電話番号が書き込まれたという。また、投稿者の自宅に嫌がらせの電話がかかってくるなどの被害も出ていると報じている。
> 出典：The Huffington Post 2013年6月28日15時44分

5.2 さらしの二次被害

さらされた個人情報を無責任に転載すると、今度は自分が人

権侵害の加害者になる危険がある。ネット上で流布している情報には間違った情報もあるからである。

事件が報道されると、容疑者に対してネットを過信した人たちによる歪んだ糾弾が始まる。ネット上のあちこちに掲載されていたとしても、糾弾の内容が正しいという保証はない。責任の所在が不明の情報については、常に真偽を疑い、転載を控えなければならない。

■ 大津いじめ自殺での二次被害の事例

大津いじめ自殺事件では、加害者の親や親族であるとして、事件とは関係のない大津市内の元警察官と女性の氏名がネットに公開された。職場には非難する電話が殺到し、ネット上では中傷する書き込みが続けられた。

電話で抗議をしてきた人に人違いであることを説明しても「言い分は分かった。でもネットが事実だと思う」と言い残す者もいる。スマイリーキクチ事件の時と同じように、ネットの情報を過信してしまっているのである。

女性団体会長の女性は、事件の報道直後から、加害者の母親だとする書き込みがされ、実名も掲載された。加害者とされる少年と苗字が同じということで、人違いされたのである。職場には一日に70本もの抗議の電話が殺到し、留守電にセットしても24時間鳴りっぱなしだったという。

自宅に消印のない脅迫状が届き、この女性は、「自宅住所まで探し出してしまうネットの暴走に恐怖を感じた」と語っている。この事件では、滋賀県警察が東京都目黒区内の31歳の男性と、兵庫県川西市の男性2人を名誉毀損の疑いで書類送検したものの、最終的には不起訴となっている。

> **いじめた生徒の親族？ネットに偽情報で被害深刻**
>
> 大津市で昨年10月、市立中学2年の男子生徒（当時13歳）がいじめを苦に自殺したとされる問題に関連し、インターネットの掲示板で知らぬ間に無関係の人が実名をさらされ、職場に中傷やいたずらの電話がかかるなどの新たな被害者を生んでいる。
>
> 被害届を受けた滋賀県警は名誉棄損容疑で捜査している。
>
> 出典：読売新聞　年7月10日14時33分

人違いで誹謗中傷を受けた女性の声

　今回のネット被害の発端は、加害者とされる少年と偶然「姓」が一緒であったことから、単なる憶測で人違いされ、それを見た人が更に脚色してだんだんエスカレートしていったものであって、書き込みをした人もされた人も互いに顔が見えず、どこの誰かと個人の特定ができないということがネット社会の特徴であり、やり場のない憤りを持て余しているのが現状です。
　ネット上の情報は全てが本当でないということを知ってほしいし、良くも悪くも便利な道具をどう使うかが問われていると思います。
（後略）

出典：「インターネット上の個人への誹謗中傷などについて」2014年度インターネットマスター講座、2014年10月15日、大津市地域女性団体連合会（現在でも中傷書き込み被害があるため、氏名を伏せています）

■ 鳥取県警不祥事での二次被害の事例

　自分と同姓同名の人が何人もいることは、ネットで自分の名前を検索してみれば簡単にわかる。つまり、姓名だけでは個人を特定できないのである。報道された容疑者の氏名が、自分の氏名と同一ということも起きている。

逮捕された警部補と同姓同名、ネットで中傷受ける　鳥取

　住居侵入容疑で鳥取県警の警部補（41）が逮捕される事件が20日にあり、県警は28日までに、警部補と同姓同名の別人男性がインターネット上で事件の容疑者として中傷されていると明らかにした。県警は名誉毀損などの疑いで捜査している。
　県警によると、20～24日、この別人男性を含む複数人が写った画像が複数のネット掲示板に掲載され、男性を特定するように「これが犯罪をしたやつ」などと書き込みがあった。

出典：日本経済新聞2013年8月28日13時38分

■ ボストンマラソン爆破事件での二次被害の事例

　「世の中には自分とそっくりな人が3人いる」といわれている。同姓同名の人が存在するだけでなく、似た顔の人も存在するのである。監視カメラがとらえた犯人の顔が、自分や関係者に似ていれば、犯人扱いされるという被害にあう。

ＳＮＳ、人権侵害の危うさ…容疑者の誤情報拡散

　【ニューヨーク＝吉形祐司】ボストンマラソンを狙った爆弾テロ事件で、容疑者に関する誤った情報がインターネット上のソーシャル・

ネットワーキング・サービス（SNS）に出回り、無関係な人が実名で犯人扱いされた。

米国でも生活の一部になっているSNSだが、重大な人権侵害につながる側面を浮き彫りにした。

「ボストン市警が容疑者の名前を特定」。こんな情報が簡易投稿サイト「ツイッター」に登場したのは4月18日、米連邦捜査局（FBI）が容疑者2人の映像や写真を公開した直後だった。ツイッターには2人の名前が投稿されたが、いずれも捜査当局が追っていた容疑者ではなく、1人は実在の大学生（22）だった。

米紙ロサンゼルス・タイムズによると、クラスメートの女子大生が、公開された容疑者の姿をこの大学生と勘違いしたのが発端となり、ネット上で広まったというが、真相は不明だ。

出典：読売新聞2013年5月1日

5.3 さらしの違法性

他人の個人情報やプライバシー情報を、本人に無断でネットに掲載する「さらし行為」は、本人の就職や結婚にまで影響を及ぼすような、社会的な制裁を引き起こす。それが人違いや間違った情報に基づくものであった場合は、いわれのない誹謗中傷を生むことにもなる。

そのようなさらしによる被害が多く発生していながら、わが国には残念ながら、さらし行為を禁止する法はない。法がないため、個人情報やプライバシー情報を本人に無断でネットに公開する行為に、違法性がない。従って、現状では、ネット上に他人の個人情報を書き込む行為をやめさせることも、禁止させることもできず、制限もできない。当然、罰則もない。

それでは、**個人情報保護法**[30]は何のためにあるのかと疑問に思うだろう。実は、個人情報保護法が対象としているのは事業主なのである。一般私人、つまりネットの一般利用者は、対象外なのだ。一般利用者が、たとえ何万人の住所録をネットに掲載しようとも、ダウンロードさせようとも、それを禁止することも、制限することも、やめさせることもできない。法がないため、罰則もない。

プライバシー情報のさらしについても、個人情報と同様であ

[30] **個人情報保護法**
個人情報の保護に関する法律で、2005年4月1日に全面施行。

る。刑法にプライバシー侵害罪はない。プライバシー侵害禁止法なるものもない。他人に知られたくないと思っている私生活上の事を、無断でネット上に書き込まれても、その行為を禁止することも、制限することも、やめさせることもできないし、刑罰もない。人の病歴を書こうとも、離婚歴を書こうとも、女性スキャンダルを書こうとも、やめさせる法がないのである。

　ただし、個人情報もプライバシー情報も、実質的な損害が発生していれば、民法上の不法行為として、損害賠償請求の可能性はある。しかしながら、得られる損害賠償金よりも、裁判費用の方がかかるという現実では訴え損となるため、可能性は低い。このような法的な背景を反映して、ネット人権侵犯事件の半数がプライバシー侵害で占められているのである。

5.4 忘れられる権利

　知られたくない情報がいったんネットで拡散してしまうと、回復は困難である。拡散した情報を後から全て削除することは、不可能といえる。もしも仮に、拡散した書き込みを削除できたと仮定しよう。しかし、今日ネット上にないだけで、明日からまたネット上に復活して拡散していくだろう。

　ネット上から完全に削除することが困難であるとしても、その情報を求めていない人に、あるいは、その情報の存在すら知らない人に、あえて積極的に情報の存在を知らせる必要はないはずである。実は検索サイトには、あえて知らせてさらし、拡散のほう助をしているという一面がある。

[1] 検索結果からの削除

　膨大なホームページが存在するインターネットの世界から、目的の情報を早く探し出すために、GoogleやYAHOO!に代表される「検索サイト」は不可欠な存在になっている。一方で、ネットには本人が知られたくないと思っている過去の情報も蓄積されていて、それらの情報が「検索」によって見つけ出されることもある。そこで、プライバシー保護の観点から、特定の個人情報を、検索結果から削除することが議論されてきた。そ

れが「忘れられる権利（right to be forgotten）」である。

　世界で初めて「忘れられる権利」を認めたのは、2011年、フランスの女性がGoogleの「過去のヌード写真の消去」を請求して勝訴した裁判の判決である。この判決が契機となり、EU（欧州連合）では立法でも「忘れられる権利」が議論され、消去権（right to erase）が認められるようになった。

　日本では、Googleに対して検索結果を削除するよう求めていた仮処分申請に対して、2014年10月に東京地方裁判所は、Googleに検索結果の一部を削除するよう命じる仮処分決定を下した。東京地裁は、男性が過去に犯罪行為をしたかのように連想させる230件の検索結果のうち、120件を削除するように命じている。これは検索結果の削除を裁判所が命じた、日本初の判決となった。

> **グーグルに検索結果削除命令　東京地裁「人格権を侵害」**
> 　インターネットの検索サイト「グーグル」で自分の名前を検索すると、過去に犯罪行為をしたかのように連想させる投稿記事が多数表示され、人格権が侵害されているとして、日本人の男性が米グーグルに検索結果を削除するように求めた仮処分で、東京地裁は9日、検索結果の一部を削除するよう命じる決定をした。
>
> 出展：日本経済新聞　2014年10月10日

　その後、検索サイト側も、自主的に削除要請に応じる姿勢を示している。たとえば、Googleは、「Googleからの情報の削除」というページを用意している。YAHOO!も「検索結果に情報を表示しないようにするには」というページを用意している。Microsoftも、**検索エンジン**[31] Bingについて、2014年7月16日に、検索結果からのブロック申請フォームを開設し、削除対応を行っている。

> **グーグル検索：逮捕報道、削除命じる　3年後も表示　さいたま地裁**
> 　大手検索サイト「グーグル」を使ったインターネット検索で、約3年前の逮捕報道が表示され続けるのは人格権の侵害だとして、罰金の略式命令が確定した男性が米グーグルに検索結果の削除を求めた仮処分で、さいたま地裁（小林久起裁判長）が削除を命じる決定を出していたことが分かった。ネット関連訴訟に詳しい弁護士によると、逮捕報道自体の検索結果の削除を認める判断は異例という。

31　検索エンジン
インターネット上の情報を検索するプログラム。

6月25日付の決定によると、男性は18歳未満の女性にわいせつな行為をした児童買春禁止法違反で罰金50万円の略式命令が確定した。しかし、逮捕から約3年が経過しても、グーグルの検索で自身の名前や住所を入力すると、逮捕を報じる記事が表示されていた。(後略)【山本将克】

出典：毎日新聞　2015年7月2日　東京朝刊

なお、日本ではまだ「忘れられる権利」は認定されていない。名誉毀損の枠組みで判断しているのが現状である。

[2]サジェスト機能の表示停止

GoogleやYAHOO!には、情報検索を助ける機能として**サジェスト機能**[32]がある。Googleでは**オートコンプリート**[33]ともいう。サジェスト機能は、便利な機能である半面、「余計なおせっかい」にもなる機能である。検索のための言葉を入力すると、入力してもいない語句が候補として表示される。この機能は、利用者にとって検索の有用なヒントになることもある。しかし、逆に知らなくてもよいことを知らせることにもなるのだ。

自分の名前を入力した時に、候補の語句として「人殺し」と一緒に表示されたらどうだろうか。自分の会社名を入力した時に、「ブラック企業」と一緒に表示されたらどうだろうか。まさに、サジェスト機能が人権侵害の印象操作になるのである。何も知らなかった利用者に対して、ネガティブ情報を積極的に提供することで、印象が操作されるのである。

このサジェスト機能をめぐり、名誉毀損にあたるか否かが、日本でも司法判断が揺れている。

■2013年4月　Google敗訴（東京地裁）

Google検索の「サジェスト機能」を巡る訴訟でGoogle敗訴
東京地裁が名誉毀損を認め、「無関係の犯罪行為」表示の差し止めを命じる

検索サイト「グーグル（Google）」利用者の男性が、自分の名前をGoogleに入力すると、身に覚えのない犯罪行為が表示されるとして、米Googleに表示をやめるように求めて提起していた訴訟で、2013年4月15日、東京地方裁判所において判決が言い渡された。東京地裁は「無関係の単語を閲覧しやすい状況を放置し、男性の社会的評

32　サジェスト機能
入力された検索文字に関連する語句を予測して表示する機能。検索キーワード予測機能。

33　オートコンプリート
検索窓にキーワードを入力するとGoogleの蓄積した履歴等から同時に用いられる複合語をヒントとして表示する機能。

価を低下させた」として名誉毀損やプライバシー侵害に当たると認定。Google に対して表示の停止と慰謝料 30 万円の支払いを命じた。

出典：PC Online 2013 年 4 月 17 日

■2014年1月　Google逆転勝訴（東京高裁）

グーグル逆転…サジェスト機能巡る名誉毀損訴訟

　グーグルの検索サービスで、名前と犯罪を連想させる単語が一緒に表示されるため名誉を傷つけられたとして、日本人男性が米グーグル本社を相手取った訴訟の控訴審で、東京高裁（鈴木健太裁判長）は 15 日、同社に表示停止と 30 万円の賠償を命じた 1 審判決を取り消し、原告側の請求を棄却する判決を言い渡した。

　原告の代理人弁護士によると、昨年 4 月の 1 審・東京地裁判決は、同社による名誉毀損とプライバシー侵害を認めたが、高裁判決は、「単語だけで男性の名誉が傷つけられたとは言えず、男性が被った不利益は、表示停止でサービス利用者が受ける不利益より大きくはない」などと判断したという。

出典：読売新聞 2014 年 1 月 15 日

6　ネットいじめ

　子どもたちのいじめ事情は、ネット時代になって大きく変わった。学校にいる時だけでなく、下校してからも、いじめが続く。いつでもどこでもつながるというネットの利便性は、悪用・誤用されると、いつでもどこでもいじめられるという被害に変わるのである。

　ネットが普及する前の学校でのいじめでは、子どもが悪口をいえば他の人に聞こえたし、小突いたり、ちょっかいを出したら、他の人が見ることもできた。可視化されていて発見しやすかったともいえる。しかし、ネット上でのいじめは、第三者に見えないし、聞くこともできない。見えないいじめに変わったのだ。

　さらに子どもは心配をかけたくない、大げさにしてほしくないという意識から、いじめられていることを親や先生に言わな

ネットいじめの経験
A. 嫌がらせをされたり、悪口を書かれたりした

[%]	中学生			高校生		
	全体	男子	女子	全体	男子	女子
あった	2	2	2	7	5	10
なかった	94	96	92	92	94	90
無回答	4	3	6	1	1	1

出典:「中学生・高校生の生活と意識調査・2012」2012年12月、NHK、2012年8月時点での調査

い傾向にある。余計に大人は、ネット上で何が起きているのか把握できなくなっている。

　そこでNHKがネットいじめに関する**実態調査**[34]を実施した。その結果、女子高校生の1割が、過去半年の間にネット上で「嫌がらせをされたり、悪口を書かれた」経験があると回答している。また、女子高校生の4人に1人は、「友人がネットでいじめにあっている」と答えている。

　調査の対象期間を過去半年に限ったにもかかわらず、多くの割合の生徒が、「ネットいじめにあっている」という実態が明らかになった。

　インターネット上で行われるいじめには、いくつかの形態がある。他の人権侵害とも共通している特徴は、インターネットの便利な機能がいじめに誤用・悪用されているということである。便利な機能であるネット掲示板、メール、SNS、動画投稿が、それぞれ学校裏サイト、なりすましメール、SNSいじめ、動画いじめとなっている。

34 **実態調査**
「中学生・高校生の生活と意識調査・2012」2012年12月、NHK、2012年8月時点での調査。

インターネット上で行われるいじめ

- ネット掲示板でのいじめ → 学校裏サイト
- メールでのいじめ → なりすましメール
- SNSでのいじめ → SNSいじめ
- 動画投稿でのいじめ → 動画いじめ
- 働く場でのいじめ → 職場いじめ

6.1 学校裏サイト

[1] 裏サイト化するネット掲示板

　学校裏サイトは、「学校非公式サイト」ともいう。元々は、学校やクラスの話題を扱う、児童生徒のネット掲示板である。

　マスコミが報道するネットいじめの話題は、LINE でのいじめに移っているため、学校裏サイトが下火になっているかのような印象を与える。しかし、学校裏サイトは消滅したわけではなく、ネット利用者の低年齢化に伴い、むしろ小学校にまで拡大しているのである。

　ネット上では、年齢制限がなく、誰でも簡単にネット掲示板を開設することができる。当然、児童生徒であっても、インターネットにアクセスできるのであれば、学校やクラスの情報交換や、意見のやり取りに使う掲示板を開設できる。学校裏サイトは、初めから悪口を言い合うために作られたネット掲示板ばかりではない。開設した時には健全だった掲示板が、裏サイト化していくには理由がある。

　ネット掲示板は誰でも開設できる。開設した者が自動的に掲示板の管理人になる。管理人には、掲示板に書き込まれた発言を削除する機能が与えられている。管理人は、この削除権限で不適切な書き込みを削除して、掲示板を健全に維持することが

▲｜▼　生徒、先生の悪口、言いまくろう（Res:30）

1：管理人　　　：2014/11/17（月）16:38:10
　　ムカつく、先生や生徒の悪口、じゃんじゃん書いてねーw
　　雑談禁止！！
24：●●●　　　　　　　　：2014/11/25（火）15:50:12
　　××＞黙れよ ww
25：▼▼▼　　：2014/11/26（水）21:15:17
　　俺はこんな事書いているお前らが一番無理
26：名無しさん：2014/11/27（木）16:20:34
　　○○○　○○○　○○○○　○○○○
　　お願いやから死んでほしい
　　一生のお願い

出典：奈良県のある市立小学校の裏サイト（氏名は伏せています）

期待されている。そうすることが、掲示板サービスを提供している事業者の、利用規約に基づいた運営となる。

ところが、管理人は児童生徒である。昼間は学校で勉強している。放課後には部活があったり、友人と遊びに行ったりする。塾に行く日もあるだろう。習い事に行く日もあるだろう。また、帰宅して家事を手伝ったり、宿題や受験勉強もやらなくてはいけない。子どもの管理人が毎日24時間、自分が立ち上げたネット掲示板を監視しながら運営することは不可能である。

やがて悪口が書き込まれると、それが引き金となって他の悪口が誘発される。そもそも匿名であれば、普段は言いにくいことを言いたくなる欲求が生まれる。ましてや利用者は子どもである。その欲求を理性や良識で自制できる子どもばかりではない。ひとたび悪口が混入すると、悪口が悪口を呼んで、やがて裏サイト化していくのだ。管理できない体制と、責任のない運営という構造では、裏サイト化するのは当然の結果であろう。

[2] 学校裏サイトの数

文部科学省が、学校裏サイトの実態調査を実施した。その結果、発見できただけでも全国の中高校の学校裏サイトは、3万8,260件あった。この数字が何を意味するのかは、学校数を考えてみればわかる。調査当時の全国の中学校・高校（国立、公立、私立）の数は、1万6,158校である。つまり、平均すると1校あたり少なくとも2つの裏サイトが存在しているということになる。しかも、裏サイトは学校名でネット検索すれば容易に見つかるというものではない。実態調査で発見された裏サイ

全国の学校数 16,158 校（2008年度）

中学校	計	10,915 校	高校	計	5,243 校
（内訳）	国立	76	（内訳）	国立	16
	公立	10,104		公立	3,906
	私立	735		私立	1,321

出典：文部科学省

トだけでも 3 万 8,260 件であったということ、そして、その後も誰でも簡単に開設できる状況が続いていることを考慮すれば、実際にはもっと多くの学校裏サイトが存在すると解釈するのが正しい。

　事実、全国 Web カウンセリング協議会が運営する学校裏サイトリンク集には、すでに 11 万サイトが登録されている。

> **学校裏サイト：3 万 8,000 件の半数に中傷　文科省初調査**
> 　いじめの温床になっていると指摘されるインターネット上の掲示板「学校裏サイト」（中高校）が 3 万 8,260 件あることが 15 日、文部科学省のはじめての実態調査で分かった。うち、約 2,000 サイトを抽出したところ、半数に「キモい」「うざい」など他人を中傷する表現があり、約 27 ％に「死ね」「殺す」など暴力的な表現が含まれていた。
> 毎日新聞 2008 年 4 月 15 日 21 時 8 分（最終更新 4 月 15 日 22 時 57 分）

　自治体も学校裏サイトの実態調査に乗り出している。たとえば三重県は、2010 年度から学校非公式サイト対策推進事業に取り組んでいる。県内すべての公立小学校（395 校）、公立中学校（166 校）、県立高等学校（63 校）、県立特別支援学校（15 校）の計 639 校について、2010 年 8 月中旬から 9 月まで学校非公式サイト（学校裏サイト）の調査を行った。

　その結果、発見された掲示板タイプの学校裏サイトは、公立小学校（413 サイト）、公立中学校（252 サイト）、県立高等学校（291 サイト）、県立特別支援学校（2 サイト）であった。

　この調査結果から、三重県の状況を「ほぼすべての公立小学校、公立中学校、県立高等学校において、学校非公式サイトが作られている」としている。

　また、東京都が実施した学校裏サイト実態調査では、都内の小中高校 2,200 校に対して、延べ 1,155 校に裏サイトを検出できた。高校に限れば、学校数を上回る裏サイトを発見したことになる。

> **都が「学校裏サイト」を監視調査**
> 　都では犯罪やいじめの温床となるインターネットのいわゆる「学校裏サイト」の実態を把握しようと大規模な監視調査を行ったところ、不適切なサイトは全学校数の半数にものぼることが分かりました。

調査はきょう開かれた教育委員会定例会で報告されました。それによると、都内の小中高校全2,200校を対象にしたところ、延べ1,155校についてのサイトが検出されました。高校に限ってみると学校の数が195なのに対し、裏サイトの数はそれを上回る244にのぼりました。書き込み内容では自分や他人の電話番号などの個人情報や特定の人物の悪口に加え、違法行為のあおりや自殺予告などが目立ったということです。(後略)

出典：TOKYO MX NEWS 2009年11月26日

[3]学校裏サイトの見つけ方

　マスコミが取り上げなくなっているだけで、学校裏サイトは、その後も開設され続けている。いじめの温床となるばかりでなく、安易に個人情報の書き込みも行われ、児童生徒自身も危険にさらされる。教育機関は、子どもたちを守るために学校裏サイトの存在を知る必要があろう。

　学校裏サイトはネット検索では容易に発見できない。最もおすすめの方法は、全国webカウンセリング協議会が、調査・構築した「学校裏サイトリンク集」を利用することである。教育関係者・保護者・PTA関係者であれば、登録することで閲

全国webカウンセリング協議会が調査・構築した学校裏サイトリンク集

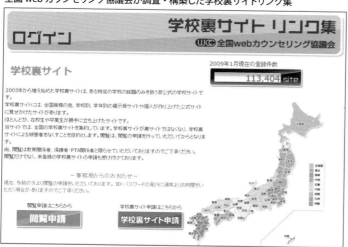

出典：全国webカウンセリング協議会　http://www.web-mind.jp/net/

覧することができる。

6.2 なりすましメール

Googleが提供する、Android端末向けのアプリ提供サービス『Google play』。
出典：Google play

　ネットの便利な道具は、いじめに使われる。メールも例外ではない。メールを使ったいじめは、なりすましメールである。
　なりすましメールの送り方は、非常に簡単である。なりすましメールをサービスしているサイトは、外国のサイトを含めていくつも存在している。検索すれば、すぐ見つけることができる。そのサイトにアクセスして、送りたい相手のメールアドレスを入力し、なりすましたい人のメールアドレスを入力する。そして、ニセのメール文を入力してクリックするだけである。小学生にでも簡単に送ることができる。
　このなりすましメールを使って、何人ものクラスメートになりすまし、特定の子どもに悪口を送るという事件があった。メールを受け取った子どもは、クラスのみんなから嫌われていると思い込み、不登校になってしまったという。
　スマホがあれば、サイトにアクセスするまでもなく、もっと簡単に送れる。無料アプリが配布されているのである。なりすましメールは、サイトや無料アプリで誰でも簡単に送れる。
　対策はある。すべてのスマホ、携帯電話には、なりすましメール受信拒否の設定ができる。
　あなたは今日、朝から何件のメールを受信しているだろうか。そのメールは、本当に本人からのメールだろうか。もしも、拒否設定をしていないとしたら、受信したメールが本人からのメールであるかどうかは保証されていない。
　なりすましメールを悪用して、仲のよい二人にけんかをさせたり、上司になりすましてウソの業務連絡メールを発信することもできる。TSUTAYAになりすまして迷惑メールを送る出会い系業者もいる。その被害にあわないために、なりすましメールの受信拒否設定はスマホ利用の基本といえる。

6.3 SNSいじめ

　友人との交流を支援する SNS は、コミュニケーションを活発にすることができる。インターネットが普及する前のコミュニケーションの手段が、電話、FAX、手紙だったことを考えると、携帯しているスマホでやり取りする SNS は、はるかに利便性を向上させたといえる。
　ところが、利便性が高まれば、危険性も高まる。それが文明の利器の宿命でもある。SNS も便利であるがゆえに、誤用・悪用されるといじめの道具になる。

SNS でのいじめ
- 悪口、かげ口
- チャットでの集団シカト
- 動画いじめ
- LINE 外し、LINE 以外外し
- 既読無視、未読無視
- 5分ルール

［1］悪口・かげ口

　直接では言いにくいことでも、顔を合わせない SNS であれ

ば、発言の心理的なハードルが下がるようだ。言葉で発すれば、その場限りで消えてしまう悪口も、書き込めばいつまでも残ることになる。

［２］チャットでの集団シカト

現実社会で行われるシカト（無視）は、ネット社会でも同様に行われる。10数人が参加しているLINEのグループトークで、自分がコメントを発信すると、全員がそれまでの話題を一斉にやめるというタイプのいじめがある。グループトークに入っていて、外されてはいないので、見た目には仲間外れにはなっていない。でも、会話の中に入れず、孤立させられるのである。

［３］動画いじめ

相手が嫌がることを無理強いしている様子の動画、小突いたりしていじめている動画、悪口をいっている動画などをSNSで仲間に流すいじめが「動画いじめ」である。限られた少人数の仲間内で共有しているように見えても、転載や複製されて容易に広まっていく。拡散する危険があるのだ。

そもそも知人から知人へと、情報を容易に広めることがSNSの特徴のひとつでもある。従来の口コミよりも、拡散のスピードも規模も桁違いである。いじめられた子どもは、「いじめられた様子を、その場にいなかった人たちにも見られる」という二重の苦しみを味わうことになる。

> **LINE：同級生に無理やり脱がされた動画や画像流される**
>
> 山口県下関市の公立中学校に通う中学２年の男子生徒（13）が昨年６月ごろと今年１月の２回、同級生らから下半身を露出した動画や画像を撮影され、携帯電話の無料アプリ「ＬＩＮＥ（ライン）」とメールで他の同級生らに送信されていたことがわかった。
>
> 市教委によると、男子生徒は今年１月、部活動の練習後に上級生から「ズボンを脱いでこっちにこい」と命令され、下半身が露出した状態で歩いている様子を動画で撮影された。動画はラインに掲載され、８人が閲覧可能な状態だったという。
>
> 毎日新聞2014年７月８日13時54分（最終更新７月８日15時22分）

［4］LINE外し、LINE以外外し

　LINEを使ったいじめの中で、よく知られているものにLINE外し[35]がある。LINEには複数の人が同時にメッセージのやり取りをする「グループトーク」という機能がある。グループとして登録された人たちが、同じ画面上でメッセージを読み書きできる機能である。

35　**LINE外し** Android 3.2.1版からは「誰が誰を退会させたのか」が表示される（iPhoneは未対応）。

■ LINE外し

　グループトークのグループに「入れない」、または「外す」ということで仲間外れにするいじめがLINE外しである。

> **ネット時代の子どもたち　LINE外し**
> 「アイツ誘ったの誰？」
> 「参加されたら本音でしゃべれなくなるね」
> 「外そうよ」
> 出典：佐賀新聞 2013年10月15

■ LINE以外はずし

　「LINEを使わなければ、いじめの被害にあわない」と考えるのは間違いである。LINEを使っていても、使っていなくても、いじめの材料になる。そのことを「LINE以外はずし」が示している。

　学校が終わってからも、子どもたちの会話はLINE上で続いている。翌日、登校して、昨夜の話の続きが始まる。そこに、前夜のLINEの会話に参加していなかった人が、話に加わろうとして質問すると、それまでの話を説明するのは面倒くさいとして見放すのである。会話に加われずに蚊帳の外となる。

> 　LINEをしていない一部の生徒は翌日の会話についていけない。「昨日の続きだけどさ」。そんな話題に無理に入ろうとすると、「イチから説明したくない」と突き放される。
> 出典：佐賀新聞 2013年10月15

　LINEでの連絡がメールや電話よりも便利であるがために、連絡方法がLINEばかりに偏っていく。やがて、部活連絡や日常の連絡をLINEだけで行うようになり、LINEを使っていない人を放置する。これもLINE以外はずしである。

LINEを使っていても、またLINEを使っていなくても、いじめの材料になるのである。

[5] 既読無視、未読無視

LINEのメッセージを送り、相手がチェックすると、メッセージの横に「既読」と表示される。このLINEの既読機能は、災害発生時に相手の無事を確認することに重宝された。しかし、この人助けに役立った機能が、誤用されていじめにも使われている。

■ 既読無視（既読スルー）

メッセージを読んだのに返信しないことを、「既読無視」または「既読スルー」という。メッセージを読んだのになぜ返信しないのかと非難していじめる。「既読」の表示をオプション機能にして利用者が選ぶことができれば、問題が少しは減るのかもしれない。しかし、LINE株式会社は、既読機能は不可欠だとしているため、利用者側で対処しなければならない。

> 「ＬＩＮＥ」で無視　少年ら監禁の疑いで逮捕
> 　スマートフォンの無料通話アプリ「LINE」でメッセージを無視した男性を呼び出すため、東京・東大和市の18歳の少年ら3人が、男性の交際相手で中学1年の女子生徒を連れ回し、自宅などに監禁したとして、警察庁に逮捕されました。（後略）
>
> 出典：NHK NEWS Web　2014年6月29日

LINEを起動して、スマホの画面上にメッセージを表示させると、発信者のLINE画面には「既読」が表示される。子どもたちのローカルルールでは、「既読」になったら返信しなくてはならない。そこで、「既読」にしないでメッセージを読むことができるアプリが生まれるという、面倒な事態にまでなっている。

■ 未読無視（未読スルー）

メッセージを読んだら最後、返信しなければ既読無視といわれる。ならば、読まないでおけば安全なのかというと、読まなければ読まないで、また非難される。メッセージを読まないでいることを「未読無視」、または「未読スルー」という。

すなわち、LINEではメッセージを読んでも読まなくても、いじめの材料になるのである。

[6] 5分ルール、3分ルール

　返信が遅いこともいじめの材料になる。メッセージを読んだのであれば、すぐに返信することが子どもたちの間では当たり前のことになっているからだ。これを「5分ルール」という。「5分以内に返信しないのは無視と同じ」「すぐに返信しなければ友達ではない」と非難していじめる。

　5分は、ローカルルールであり、3分になり、さらに1分ルールになっているグループもある。LINEにメッセージが届いたら読まなければならない。読んだら返信しなくてはならない。このルールを守らなければ、友達との関係が気まずくなる。そのような状況から、子どもたちはスマホから離れられなくなっている。そして、トイレにも持って行く。食事中もテーブルに置く。風呂場にも持ち込む。これがSNS疲れ、スマホ中毒、睡眠不足を引き起こすことにもなっている。

[7] 求められる「ぐるみ」での対応

　LINE、facebook、Twitter、mixi、GREE、Ameba、MobageなどのSNSは、交友関係を支援するコミュニケーションの道具である。しかし、便利なSNSは、使い方を誤れば、いじめの道具ともなる。

　食事のしつけやテレビゲームのしつけならば、家庭内で対処もできた。しかし、SNSはコミュニケーションの道具である。コミュニケーションの相手がいるため、いち家庭だけのしつけの範囲を超えている。たとえ自分の家庭だけで子どもに夜間のスマホを禁止したとしても、他の友達からは次々にメッセージが送られてくる。その情報交換やおしゃべりに加わっていなければ、翌日から浮いてしまって、会話についていけない。気まずい仲間となり、友達関係を悪くして、いじめにつながる恐れもある。

　家庭で決めたルールだからといって、自分の子どもだけに守らせることには限界がある。コミュニケーションの道具は、自

分も相手も含めて「ぐるみ」で対処しなければ解決しないのである。いち家庭だけでなく、学級ぐるみ、学年ぐるみ、学校ぐるみ、地域ぐるみという横の連携の中での対応が求められる。「ぐるみでの具体的な対応」については、第6章を参照されたい。

6.4 動画いじめ

　いじめている様子を動画に撮り、動画投稿サイトに掲載する。その場だけでのいじめにとどまらず、その場にいなかった人にも広まり、被害者には二重の苦しみとなる。

　自分の不適切な行為を自らネットに公開するという、動画いじめ事件の思慮のなさを見るにつけ、ネット上のモラル教育は学校教育の責務といわざるを得ない。

■ 兵庫県赤穂市での事例

> **ネットに小学生暴行動画　少年逮捕し関連捜査**
>
> 　兵庫県赤穂市内で中学生らが小学生男児を暴行する様子を撮影した動画がインターネットサイトに投稿されていたことが18日、兵庫県警への取材で分かった。県警は関わったとみられる中学3年の少年2人を別の男子高校生への傷害容疑で逮捕しており、今後、男児暴行についても関連を調べる。
>
> 　捜査関係者によると、県警は、赤穂市内で7月上旬に男子高校生に暴行し、けがをさせたとして傷害の疑いで2人を逮捕。県警は男子高校生への暴行事件に関わったとして別の男子中学生と男子高校生からも同容疑で事情を聴いている。
>
> 　県警によると、動画には4人のうち1人が、男児を殴ったり蹴ったりする姿が撮影されていた。
>
> 出典：スポニチ 2012年7月19日　1時3分

■ 神奈川県相模原市での事例

　路上で男児に暴行する様子の動画が、「小学生に喧嘩をうってみた！」というタイトルでネットに掲載された。これに対して、2012年7月25日、神奈川県警津久井署は、暴行と軽犯罪法違反（つきまとい行為）容疑で、男子生徒（15）を書類送検している。警察などによると、少年は相模原市の路上で、小学2年の男児（7）にわざとぶつかった上、つきまとうなど

した疑いが持たれている。

> **いじめ動画：少年を書類送検…神奈川県警**
>
> 　相模原市の小学2年男児（7）をいじめている映像がインターネットの動画サイトに投稿された問題があり、神奈川県警津久井署は25日、男児をいじめたとして同市の中学3年の男子生徒（15）を暴行と軽犯罪法違反（つきまとい行為）の容疑で横浜地検相模原支部に書類送検した。また動画を撮影したとして同級生の男子生徒（14）を同法違反の非行内容で家裁送致した。
>
> 　県警などによると、5月15日、15歳生徒は相模原市緑区の路上で男児につきまとって体をぶつけ、14歳生徒が携帯電話で動画を撮影し、動画サイト「ユーチューブ」に投稿したとしている。（後略）
> 【山下俊輔】
>
> 出典：毎日新聞2012年7月25日11時47分（最終更新7月25日12時8分）

6.5 職場いじめ

［1］職場いじめの状況

　ネットいじめは、教育現場の子どもたちの間だけで起きている問題ではない。仕事の現場での大人たちの間でも同様に、ネットいじめは発生している。それは、ネットを使った「職場いじめ」である。

　同僚いじめ、部下いじめ、派遣社員、契約社員、パート・アルバイトに対するいじめに、ネットが使われている。

　職場でのいじめや嫌がらせの被害件数は、労働上の他の被害に比べて多い。**厚生労働省の調べ**によると、民事上の個別労働紛争に関する相談は、解雇や労働条件に関する相談よりも、「いじめ・嫌がらせ」の相談の方が多いのである。しかも、「いじめ・嫌がらせ」の相談件数は毎年増加している。

　ネットを使った職場いじめは、子どもたちのネットいじめと同様に、ネットの便利な機能である、ネット掲示板、メール、SNSが誤用・悪用されて、いじめ、嫌がらせに使われている。

　ネット掲示板やSNSでは、同僚・部下・上司に対する悪口や虚偽のうわさが書き込まれる。職場では本人を前にして直接

36　厚生労働省によると、2013年度の民事上の個別労働紛争の相談で最も多いものは、「いじめ・嫌がらせ」の59万1,975件である。

いえないことでも、匿名となれば書き込みのハードルが下がる。仕事上のミスを書き散らしたり、個人情報やプライバシー情報を掲載してさらすという嫌がらせが行われる。

メールにおいても、故意に「CC：」に入れずに連絡メールを発信する。または、わざと返信を遅らせたり、無視して返信しないといういじめが行われる。その他にも、メールアドレスを勝手に出会い系サイトに登録するという嫌がらせでは、翌日から数十通もの大量の迷惑メールが届くようになる。

職場で意見が合わない同僚に、「批判メールを執拗に送り続けた」という事例もある。被害者からの訴えを受けて、上司が本人に服務専念義務を持ち出して注意をすると、今度は勤務時間を避けて、深夜や早朝に送るようになった。

メールは1対1の会話であるため、どれほど誹謗中傷の言葉を浴びせかけようとも、「公然と」の要件を満たさず、名誉毀損罪や侮辱罪が成立しないのである。

ネットを使った職場いじめ

1. ネット掲示板、SNSでのいじめ
   (1) 上司・同僚の悪口、虚偽のうわさを書き込む。
   (2) 仕事上のミスを公表する。
   (3) 個人情報、プライバシー情報をさらす。(注1)
2. メールでのいじめ
   (1) CC：に入れずに連絡メールを送信する。
   (2) メールに返信しない。
3. その他
   (1) メールアドレスを出会い系サイトに登録する。
   (2) 執拗に非難メールを送る。(注2)

(注1) 私人が行うさらし行為に法的な罰則はない。
(注2) メールの場合は、名誉毀損罪や侮辱罪にならない。

---

[2]問われる使用者責任

職場内でのいじめや嫌がらせは、労働者同士の民事的な解決に委ねるしか方法がないのだろうか。いや、そうではない。労働者間の個人的ないざこざだとして放置していると、使用者の責任が問われることになる。

労働者間のいじめは、個人同士のトラブルとして放置できない。職場で、いじめや嫌がらせが行われている状況を知りなが

> 民法第715条（使用者等の責任）
>
> 1　ある事業のために他人を使用するものは、被用者がその事業の執行について第三者に加えた損害を賠償する責任を負う。ただし、使用者が被用者の選任及びその事業の監督について相当の注意をしたとき、または相当の注意をしても損害が生ずべきであったときは、この限りでない。
> 2　使用者に代わって事業を監督する者も、前項の責任を負う。（後略）

ら放置した使用者は、安全配慮義務違反、職場環境配慮義務違反に問われることになる。

　労働契約法より、使用者には労働者の生命、身体等の安全を確保することが義務付けられている。この「生命、身体等の安全」には、心身の健康も含まれている。職場でのいじめや嫌がらせは、精神的な損害を与えることから、使用者には配慮が求められるのである。

> 労働者の安全への配慮義務
>
> 労働契約法 第5条（労働者の安全への配慮）
> 使用者は、労働契約に伴い、労働者がその生命、身体等の安全を確保しつつ労働することができるよう、必要な配慮をするものとする。

> 職場環境への配慮義務
>
> 労働安全衛生法第71条の2
> 事業場における安全衛生の水準の向上を図るため、快適な職場環境を形成するように努める義務。

　また、派遣労働者が被害を受けていた場合、「派遣者については派遣元が管理すべき」という考えは誤りである。「適切な

> 厚生労働省 指針
>
> 派遣先が講ずべき措置に関する指針
> （平成11年労働省告示第138号　最終改正平成21年厚生労働省告示第245号）
> 9　適正な派遣就業の確保
> （1）適切な就業環境の維持、福利厚生等派遣先は、その指揮命令の下に労働させている派遣労働者について、派遣就業が適正かつ円滑に行われようにするため、セクシャルハラスメントの防止等適切な就業環境の維持、その雇用する労働者が通常利用している診療所、給食施設等の施設の利用に関する便宜を図るよう努めなければならないこと。（以下略）

「職場環境の維持」については、派遣労働者の場合、派遣先も責任を問われることになる。

派遣先は、適切な就業環境を維持する責任があり、職場内のいじめ、いざこざなどのトラブルを放置できないのである。

[3]社内で解決できなければ

職場内だけで解決しない場合は、厚生労働省の労働局に相談することを勧める。いじめ、嫌がらせをはじめとして、セクシャルハラスメント、解雇、労働条件、募集採用など、労働に関する問題の相談を受け付けている。労働局は全国の都道府県にそれぞれ設置されている。

7 児童ポルノ

[1]児童ポルノの検挙状況

「ネット上にはないものはない」といわれる。わいせつ物を始め、危険ドラッグ情報、爆弾製造方法、事故現場の悲惨な遺体写真、事故に巻き込まれる衝撃動画など、マスメディアが決して報道することのない写真や動画でもネット上にはある。

通常では手に入らないもののひとつが、児童ポルノである。児童ポルノもネット上で流通しており、インターネットの普及とともに、**児童ポルノ事件の検挙件数**も増加している。[37]

警察庁によると、出会い系サイト等に起因する事犯等も含めれば、児童ポルノ事犯の約8割がインターネットに関連して発生している。

[37] 警察庁によると、児童ポルノ事犯の検挙件数は、2014年で1,828件であり、毎年増加している。

[2]児童の対象年齢

児童ポルノの児童とは、何歳までの年齢を指しているのであろうか。一般的な認識としては、児童は小学生や中学生など、「義務教育期間の年齢」という印象があるだろう。ところが、その市民感覚は法には当てはまらない。児童の年齢については、

> 児童ポルノ禁止法（児童買春、児童ポルノに係る行為等の規制、及び処罰並びに児童の保護等に関する法律）
> （平成十一年五月二十六日法律第五十二号）
> （定義）
> 第二条　この法律において「児童」とは、十八歳に満たない者をいう。

法的な定めがあり、児童とは「18歳未満」の者をいう。つまり、17歳の高校生は「児童」なのである。

児童ポルノ禁止法における児童も、同じように18歳未満の者である。児童とされる17歳の高校生は、オリンピックの体操や水泳に出場して活躍している。それでも、彼女、彼らは法律上は児童なのである。つまり、児童が日本代表として国際大会に出場しているということになる。

児童福祉法における児童も、18歳未満の者である。青少年健全育成条例における青少年も、18歳未満の者である。この条約は、児童との淫らな行為を禁じており、高校生と交際すると、条例違反になる可能性がある。

ちなみに、日本では何歳から結婚ができただろうか。
日本の民法[38]では女性は16歳で婚姻できるとしている。つまり、日本は児童が結婚できる国なのである。

> 38　民法第731条
> （婚姻適齢）男は、十八歳に、女は、十六歳にならなければ、婚姻をすることができない。

8 ハラスメント

8.1 セクシャルハラスメント

[1] メールでのセクハラ

社会通念上で「セクハラ」とされている言動はある。それは、「お酒の席でお酌を強要する」「カラオケでデュエットを強要する」「下ネタの話題で会話する」などである。

では、ネットでのセクハラとは、どのようなものだろうか。ここでも、他の人権侵害の分野と同様で、ネットの便利な機能が誤用・悪用されてセクハラの道具となっている。

メールにおいては、性的なメールを繰り返し送る行為がセクハラとなる。

> **セクハラ：相模原市課長、部下に性的メール60回　降格処分に／神奈川**
>
> 　相模原市は6日、部下の女性職員に性的な内容のメールを送るなどセクハラ行為を繰り返していたとして、税務部参事の課長（55）を停職3カ月の懲戒処分とし、主幹に降格した。懲戒処分での降格は初めてという。
>
> 　市によると、前課長は昨年3月以降、同じ課の女性職員に「抱きしめたかった」など性的内容を含む携帯電話メールを60回も送信。女性職員が残業した際は、エレベーター内でキスをしようとするなどの行為もあった。
>
> 　女性職員がメールに拒否の意思表示をしたり返信をしないと、倉庫の片づけをさせる嫌がらせをしていたという。昨年10月下旬、女性職員が相談窓口に訴え、市が調査を進めていた。【高橋和夫】
>
> 出典：毎日jp 2012年2月7日

[2]セクハラの被害状況

　セクハラの加害者側の意識と、被害者側の意識との間には、ギャップがあるようだ。セクハラの意識がないままに行った言動がセクハラになることがある。**日本労働組合連合の調査**[39]によると、女性の17%がセクハラを受けた経験があると回答している。あなたの職場に女性は何人いるだろうか？　6人いれば、そのうちの1人はセクハラの被害を受けたという割合なのである。

> 39　**日本労働組合連合会の実態調査**
> 「男女平等月間実態調査」日本労働組合連合会　2012年6月13日、有効サンプル1,000人（18歳～59歳の男女）

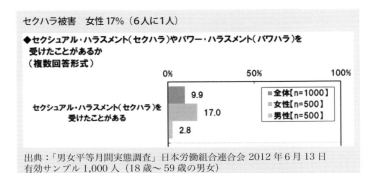

さらに、被害を受けた人の3人に1人は、「誰にも相談せずに我慢した」と回答している。セクハラのない職場環境を作ることがまず必要であり、次に被害があった場合には、すぐに相談できる窓口を整備しておくことも重要である。

［3］メールのハートマーク

コミュニケーションにおいて、絵文字のハートマークは、使用頻度も高く重宝される。かつてポケベルの時代に、ハートマークを絵文字に持っていなかった機種は、非常に不評であった。それほどまでにハートマークはよく使われるマークである。

しかし、気をつけなければならない。会話の雰囲気を和やかにしようとして、うかつにハートマークを使うと、セクハラになることがある。時と場合、そして相手によるのである。

実際にハートマークがセクハラになった事例がある。徳島大学の教授が女子職員に事務連絡メールを送った。その中に入れたハートマークが「セクハラ行為にあたる」と認定され、この教授は懲戒戒告処分となっている。

> **業務メールに「♥」セクハラ戒告**
>
> 徳島大（徳島市）は20日、同大大学院で50歳代の男性教授が女性職員に対し、携帯電話で業務用メールを送った際、絵文字の「ハートマーク」をつけていた行為が「セクハラ行為にあたる」として、教授を懲戒戒告処分にしたと発表した。
>
> 同大によると、大学院ヘルスバイオサイエンス研究部の教授は昨年1～5月、特定の女性職員に対して携帯電話で送信した業務用メール約60通のうち、約10通について、1個から数個のハートマークを末尾に付けていた。文面は資料の準備や会議室の予約を指示する内容だった。
>
> 女性職員から相談を受けて大学内に設置された人権調査委員会が教授から事情を聴取。教授は「女性がはっきり『嫌だ』と言わなかったので続けたが、メールの反応などで嫌がっていると感じていた」と話したという。（後略）
>
> 出典：読売新聞2006年（平成18年）1月21日

セクハラであるのかどうかを決めるのは、送った側ではなく、受けた側だということを忘れてはならない。受けた側が不快に

感じたら、それはセクハラとなる。

　下ネタも同じである。下ネタの会話に喜んで参加してくれる女性もいれば、一言でも口にすると嫌な顔をする女性もいる。参加してくれる女性に対してはセクハラにならず、嫌な顔をする女性に対してはセクハラとなる。ところが困るのは、相手が喜んでくれるのか嫌がるのかは、ハートマークを送ってみなければ、下ネタを振ってみなければわからないということだ。事前にアンケート調査でもしろというのか？

　このジレンマは、セクハラの定義を知っていれば解決できる。セクシャルハラスメントのハラスメントとは、「繰り返し攻撃する」という意味である。つまり、しつこく繰り返すとセクハラになるのである。

　雰囲気を和ませようとして、メールにハートマークを入れることがあるかもしれない。会話の流れの中で下ネタが入ってしまうことがあるかもしれない。そんな時に、相手が無反応であったり、不快な顔をしたら、二度としないことである。そこでやめておけばセクハラには発展しない。しつこく繰り返すからセクハラになるのである。

　相手の気持ちを察する心配りが、セクハラの被害を防ぐことになる。

8.2 ソーシャルハラスメント

　SNSにおいてもハラスメントが行われている。SNSによるハラスメントは、「ソーシャル・ネットワーク・ハラスメント」、略して「ソーハラ」といわれる。

　職場での業務連絡にSNSは効果を発揮する。従来のメールに代えてLINEを使用すると、返信を求めなくても既読機能によって相手が読んだことを確認できるので非常に便利だ。

　SNSの業務利用の際に気を付けなくてはならないことは、SNSの公私混同である。ビジネス用のアカウントと、プライベート用のアカウントを明確に分けることが、トラブル回避となる。特にフェイスブックでの公私混同がハラスメントの火種となる。具体的には、「部下に対して友達申請する」「友達申請

> **部下のプライベートに立ち入る行為**
> - 部下に対して友達申請する。
> - 友達申請に承認を強要する。
> - すべての投稿に「いいね」を押す。
> - 自分の投稿に「いいね」を強要する。
> - 部下の友人に友達申請する。

に承認を強要する」「すべての投稿に『いいね』を押す」「自分の投稿に『いいね』を強要する」「部下の友人に友達申請する」などである。

SNSは交友関係のコミュニケーションを支援する道具であることを認識しなければならない。部下とSNSを通じてつながろうとする行為は、部下のプライベートに立ち入る行為なのである。

8.3 パワーハラスメント

職場でのパワーハラスメントが社会問題化しながらも、「何をパワハラとするのか？」についての定義は曖昧だった。そこで、厚生労働省の「職場のいじめ・嫌がらせ問題に関する円卓

職場のパワーハラスメントに当たりうる行為類型

No	行為類型	具体的な言動
1	身体的な攻撃	暴行・傷害
2	精神的な攻撃	脅迫・名誉毀損・侮辱・ひどい暴言
3	人間関係からの切り離し	隔離・仲間外し・無視
4	過大な要求	業務上明らかに不要なことや、遂行不可能なことの強制、仕事の妨害
5	過小な要求	業務上の合理性なく、能力や経験とかけ離れた程度の低い仕事を命じることや、仕事を与えないこと
6	個の侵害	私的なことに過度に立ち入ること

出典：厚生労働省「職場のいじめ・嫌がらせ問題に関する円卓会議ワーキング・グループ報告」2012年1月30日

会議ワーキング・グループ」は報告書において、パワハラの行為類型を提出し、定義付けを試みている。その報告によるとパワハラは6つの類型があり、それは「身体的な攻撃」「精神的な攻撃」「人間関係からの切り離し」「過大な要求」「過小な要求」「個の侵害」としている。

パワハラの類型の中で、ネットに関係するものが「人間関係からの切り離し」である。具体的な行為として、「隔離・仲間外し・無視」が挙げられている。

ネットはコミュニケーションを支援する道具であるため、人間関係からの切り離しにも悪用・誤用されるのである。「上司が特定の部下に対して、メールやメッセージで情報を送らない」「CC: メールの送信先に入れずに、他のメンバーにだけ情報を配信する」「報告・連絡・相談のメールが来てもすぐには返信しない」「時には無視する」……。このような行為がネットによる「人間関係からの切り離し」となる。

セクハラの被害者に女性が多いこととは対照的に、パワハラの被害者は、女性よりも男性の方が多い。日本労働組合連合会の実態調査によると、男性の**27.0%**[40]はパワハラを受けたことがあると回答している。4人に1人がパワハラ被害の経験者ということになる。ここでも加害者と被害者、つまり上司と部下の意識にギャップがあると思われる。

また、同調査では、パワハラの被害者の対処も分析している。それによると、49.6％、つまり2人に1人は、「誰にも相談せずに我慢している」という実態が明らかになった。

パワハラ被害を我慢したままで働く労働環境は、仕事品質と生産性を低下させる。相談窓口を設置すること、相談しやすい環境にすること、被害の訴えに迅速に対処することによって、職場の適切な環境を整備することが、使用者側に求められる。

[40] パワハラを受けた経験がある男性は27.0％、女性は21.6％である。

使用者の責務
- 相談窓口を設置する。
- 相談しやすい環境にする。
- 被害の訴えに迅速に対処する。
- 職場の適切な環境を整備する。

9 差別

9.1 差別される人たち

　私たちの身の回りには、差別や偏見を受けている人が多く存在している。差別問題の代表例は、同和問題であろう。被差別地区の出身者であるとして、今でもいわれのない差別を受けている。また、外国籍であることを理由にした差別もある。特に、日本での在留者が多い、中国籍や韓国籍の人たちに対して、嫌韓・嫌中[41]という言葉がネット上で用いられている。他国の人や民族を排除しようとするヘイトスピーチは、日本の国際的な評価を低下させるものである。

　人口の半数を占める女性も、「結婚していない」「離婚した」

41　嫌韓・嫌中（けんかん・けんちゅう）
韓国や中国に対する嫌悪を表す用語。

差別、偏見を受ける人たち

No	対象者	差別、偏見
1	被差別部落	就職　結婚　入居拒否
2	外国人	ヘイトスピーチ　難民
3	障害のある人	知的障害　身体障害
4	生活困難者	生活保護　ホームレス
5	女性	非婚　離婚　不妊　母子家庭
6	病気	HIV 感染者　ハンセン病患者
7	性的指向	同性愛者　LGBT
8	性同一性障害	恋愛　結婚　戸籍
9	少数民族	アイヌの人々
10	犯罪被害者	うわさ　プライバシー侵害
11	他にも	子ども　高齢者　刑を終えた人

出典：法務省人権擁護局ホームページなどから筆者作成

「子どもがいない」などで、偏見の目で見られることがある。そして、セクハラ、マタハラの被害者は、圧倒的に女性が多い。

全国調査[42]によると、7.6％つまり13人に1人はLGBT[43]であるという結果である。学校の1クラスが40人編成だとすると、「1クラスに3人はLGBTである」という認識の下で、教育にあたらなくてはならない。

こうして考えると、非常に多くの人たちが差別や偏見の対象になっていることがわかる。その被害はネットにおいても同様に発生している。

9.2 ネットでの部落差別

[1] 部落所在地のネット掲載

わが国の歴史上には、部落差別問題がある。いわゆる同和問題である。この問題を象徴している事件が、部落地名総監事件であろう。

全国5,300カ所の部落の地名や、所在地を掲載した差別図書が、企業や個人に売られ、これが就職や結婚の差別に利用された。最初の部落地名総監は1975年12月に発覚し、これまでに9種類の部落地名総監が発見されている。

紙媒体の部落地名総監は焼却されたものの、ネット時代になると、今度はネット上に出現している。「部落地名総監を作りましょう」とか、「部落地名リストを作りましょう」という呼びかけが、毎年何件も現れる。

差別においても、ネットの利便性が誤用・悪用されている。遠く離れた者同士が協力できることは、ネットの特徴のひとつである。その特徴が部落地名総監作りに悪用されているのだ。地名リスト作りの呼びかけがあると、全国から書き込みが行われる。中にはGoogleマップ[44]で場所を示す者や、周辺の様子を写真で紹介する者もいる。

> 「部落地名総鑑」と題した全国の地名一覧がインターネットのサイト「2ちゃんねる」の掲示板に掲載され、削除された。法務省人権擁護局は「差別をあおる行為で大変遺憾」としている。

---

42 全国調査
LGBT調査2015。電通ダイバーシティ・ラボ、全国6万9,989名を対象としたLGBTの調査。

43 LGBT（エル・ジー・ビー・ティー）
LGBTとは、女性同性愛者（Lesbian・レズビアン）、男性同性愛者（Gay・ゲイ）、両性愛者（Bisexual・バイセクシュアル）、性同一性障害含む性別越境者など（Transgender・トランスジェンダー）の人々を意味する頭字語。

44 Googleマップ
航空写真で全世界を俯瞰することができるGoogleの地図サービス。

出典：毎日新聞　2006年10月26日

ネット上の部落地名総監は、発見され次第、法務省から削除要請が行われている。しかし、削除されたところで、作成中だった地名リストのバックアップを別のサーバーに移せば、すぐに続きを再開できる。

全国に呼びかけることができ、多くの人が協力して作ることができ、他のサーバーに移して再開できる……。

どれもネットの機能が悪用された結果である。

［2］YAHOO！知恵袋の悪用

厚生労働省の国民生活基礎調査によると、少子高齢化は日本の**世帯人員数**[45]をますます減少させている。生活の知恵を祖母祖父から教わることができる三世代同居家族は、全世帯の1割にも満たない。逆に、単独世帯と夫婦のみ世帯を合わせると、全世帯の半数を占めるというのが日本の状況である。

このような世帯の変化をネットが助けている。生活の中で困ったことがあれば、質問サイトに質問することで、全国の人がアドバイスをくれるのである。「YAHOO!知恵袋」もそのような知恵の共有サイトのひとつである。

ところが、便利なサイトもまた悪用される。質問サイトでも

45　**世帯人員**
日本の2014年6月5日時点の平均世帯人員数は、2.49人である。3世代世帯は全世帯の6.9％にすぎない。「平成26年　国民生活基礎調査の概況」厚生労働省。

出典：YAHOO!JAPAN 知恵袋 2012年5月2日（下線は筆者が付加）

被差別部落の地名についての質問が掲載された。

「千葉県内の被差別部落地について質問です。町名などの詳細を教えてください」

この呼びかけに多くの者が協力した。

[3] 2ちゃんねる差別書込事件

男子学生に「透明人間になったら、何をしたい？」と問うと、10人中9人は「女風呂に行きたい」と答える。匿名であることは心理的な負担を軽減し、モラルの垣根を下げる効果があるようだ。

平常時はモラル意識が抑制していても、自分の名前や顔が知られなければ、いつもはできない悪いことをやってみたくなる。それが人間の隠れた欲望なのだろう。モラルとは、別の言い方をすれば、良心でもある。

ネット掲示板では、人を馬鹿にした言葉、さげすむ言葉、あざける言葉が多く見受けられる。とりわけ「2ちゃんねる掲示板」の中は、自由な発言が持ち前となっているだけあって、まるで無法地帯のようである。

匿名で、誰もが自由に発言でき、年齢も性別も収入も関係なく、資格審査がなく、検閲もない……、というネットの特徴が、差別にも悪用されている。

こともあろうにマスコミ側の人間が、勤務時間中に会社のパソコンを使って、差別書き込みを繰り返していたという事件が発生した。この社員は「他の投稿者とやり取りをしているうちに、書き込みがエスカレートした」と供述している。朝日新聞社は厳正に処分するとしているものの、マスコミ側の人間が、差別を助長したことの社会的な責任は重い。

この事件は、「情報モラル研修は児童生徒だけでなく、従業員にも必要だ」ということを示している。従業員は顧客の個人情報も扱う。正社員、契約社員、派遣社員、パート、アルバイトに対して、情報セキュリティ研修を兼ねてモラル研修を実施する必要があろう。

朝日新聞編集局員が2chで荒らし　差別表現投稿で「厳正処分」
朝日新聞社は3月31日、同社編集局の社員が社内のPCから「2

ちゃんねる」（2ch）に不適切な内容の書き込みをしていたとして、この社員を厳正に処分すると発表した。

　同社によると、この社員は編集局の校閲センター員（49）。2月〜3月にかけ、朝日新聞社内のIPアドレスから、部落差別や精神疾患への差別を助長する内容の書き込みを2chに複数回にわたって投稿していた。無意味な文字列の連続投稿もあったため、2chの運営サイドは「荒らし行為」として、朝日新聞社のIPからの投稿を規制していた。

出典：ITmediaニュース2009年4月1日00時56分更新

　新聞、雑誌、放送などのマスメディアによる情報発信は、個人が行う情報発信よりも社会的な責任は重い。橋下徹大阪市長（当時）の出自に関する連載記事の問題により、「週刊朝日」（朝日新聞出版）は社長が引責辞任する事態になった。マスコミによる差別発言の責任は、トップにまで及ぶことを示している。

橋下市長の連載記事問題：朝日新聞出版社の社長が引責辞任

　橋下徹大阪市長の出自に関する「週刊朝日」の連載記事を巡り、同誌を発行する朝日新聞出版は12日、臨時取締役会を開き、神徳（こうとく）英雄社長の引責辞任を決めた。後任となる篠崎充（みつる）社長代行は同日、市役所を訪れ、橋下市長に記事に関する検証結果や社長の辞任などを報告。「深く反省しております。心からおわび申し上げます」などと謝罪した。

出典：毎日新聞2012年11月12日22時14分（最終更新11月13日1時19分）

［4］Google Earthの古地図

　ネット上の便利な地図情報サービスにおいても、思わぬところで差別問題が発生している。Googleは古地図を公開しているが、日本の古地図上には、部落地区を示す差別用語が記載されていることがある。日本の部落差別で使われていた差別用語をGoogleは認識できなかったのであろう。「被差別地区を示す古地図をそのままの形で公開した」という事件があった。

　古地図を現在の地図と重ね合わせることで、図らずも被差別地区だった場所を明らかにしてしまったのである。当該の古地図は日本側の抗議によって削除されたものの、日本に存在した部落差別を、世界に知らしめる結果となった。地元メディアは

「Google Earth 上の日本の古地図が秘密をあばいた」という見出しで、「日本には部落民と呼ばれる最下層の人々がいた」と報じている。

> Old Japanese maps on Google Earth unveil secrets
>   TOKYO--When Google Earth added historical maps of Japan to its online collection last year, the search giant didn't expect a backlash. The finely detailed woodblock prints have been around for centuries, they were already posted on another Web site, and a historical map of Tokyo put up in 2006 hadn't caused any problems.
>
> 出典：newsvine.com Sat May 2,2009 10:06 AM EDT

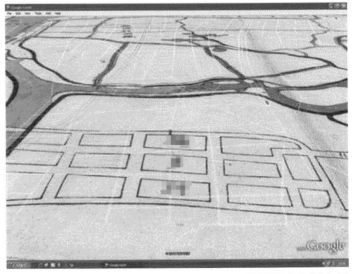

出典：newsvine.com Sat May 2,2009 10:06 AM EDT（差別用語は伏せました）

9.3 ネットでのヘイトスピーチ

[1]ヘイトスピーチの違法性

　日本では、在日韓国・朝鮮人に対するヘイトスピーチのデモが行われている。しかしながら、ヘイトスピーチを規制しようにも、法的な壁があって規制できないのが現状だ。

公共の場所において、集団示威運動（デモ活動）を行う際には、一定時間前（48時間前、または72時間前）に、公安委員会に申請しなければならないことになっている。

事前の届け出をしなかったり、公安委員会の指定条件に反する集団示威運動を行った主催者や指導者、または煽動者には、1年以下の**自由刑**[46]、または30万円以下の罰金刑（自治体によっては20万円以下の罰金）の刑事罰が規定されている。

一方で、公安委員会は、「公共の安寧を保持する上に直接危険を及ぼすと明らかに認められる場合以外は許可する」ことが義務付けられている。そのため、ヘイトスピーチの民族排外デモは、「直接危険を及ぼす」ことが明らかでない限り、法的に規制することは難しいのである。

また、集会、集団行進、集団示威運動（デモ活動）の規制に関する**公安条例**[47]を制定している地方公共団体もある。だが、この公安条例での規制もまた難しい。「粗野、乱暴な内容の主張を行う恐れがある」という理由では不許可にできないからだ。仮に、実際に粗野、乱暴な内容の主張を行ったとしても、特定の個人を対象とした発言でない限りは、刑法上の名誉毀損罪、侮辱罪、脅迫罪にも該当しない。

> 京都市の条例の場合
> 集会、集団行進及び集団示威運動に関する条例（昭和26年3月23日　条例第20号）
> 第3条　公安委員会は、前条の規定による申請があつた時は集会、集団行進、または集団示威運動の実施が、公共の安寧を保持するうえに直接危険を及ぼすと明らかに認められる場合のほかは、これを許可しなければならない。

日本には、ヘイトスピーチ自体を取り締まる一般法、特別法、条例は制定されていない。現状では、ヘイトスピーチを**規制できない**[48]。結果として、公安委員会に届け出をすれば、デモの実施についてはお墨付きとなり、正々堂々とヘイトスピーチを行うことができることになっている。ただし、民法により不法行為が成立する場合は、損害賠償責任が発生する可能性はある。

[2] 国連による勧告

日本は、1995年に**人種差別撤廃条約**[49]に加入している。しかし、

46　自由刑
受刑者の体を拘束することで、自由を奪う刑罰。懲役、禁錮拘留など。

47　公安条例
公安条例を制定している自治体は、都道府県のうち25都県、市町村のうち34市である。

48　規制できない
京都朝鮮学校事件（京都地裁判決2013年10月7日）において、裁判所は「朝鮮人一般に対する差別街宣など不特定の集団全体に対する言動については、現行法では規制できない」と指摘している。

49　人種差別撤廃条約
あらゆる形態の人種差別の撤廃に関する国際条約。1965年12月の第20回国連総会において採択された。日本は1995年に加入した。

人種差別撤廃条約 第4条a項・b項

(a) 人種的優越、または憎悪に基づく思想のあらゆる流布、人種差別の扇動、いかなる人種、もしくは皮膚の色、もしくは種族的出身を異にする人の集団に対するものであるかを問わず、すべての暴力行為、またはその行為の扇動、及び人種主義に基づく活動に対する資金援助を含む、いかなる援助の提供も、法律で処罰すべき犯罪であることを宣言すること。

(b) 人種差別を助長し、及び扇動する団体、及び組織的宣伝活動、その他のすべての宣伝活動を違法であるとして禁止するものとし、このような団体、または活動への参加が法律で処罰すべき犯罪であることを認めること。

諸外国のヘイトスピーチへの対応

No	国 名	規制状況
1	イギリス	公共秩序法によって、人種的嫌悪を扇動した者は、最高7年の懲役刑。
2	アメリカ	ヘイトスピーチを処罰する州法により対応が異なる。たとえば、イリノイ州の集団誹謗法における、「人種・肌の色・信条、もしくは宗教を理由として、特定の市民に関する堕落・犯罪・不純若しくは道徳の欠如を描く、あるいは特定の市民を侮辱・嘲笑、若しくは中傷にさらす」表現行為を処罰する規定は、合憲とされた。逆に、セントポール市条例は、「過度に広範な規制を定める」として違憲とされた。
3	カナダ	「肌の色・人種・宗教・民族的出自・性的指向によって区別される集団」に対する嫌悪を扇動した者は、最低2年・最高14年の懲役刑。
4	フランス	人種差別規制法が1972年に制定された。その他の法を含め「出自、あるいはエスニック集団・ネーション・人種・宗教への所属」を理由として、個人または集団に対して、中傷、名誉毀損、差別、憎悪、暴力を煽ることを禁止している。
5	ドイツ	「治安を妨害するような言論の濫用」を厳しく規制している。
6	スイス	1994年に人種差別を禁止する刑法改正を行った。
7	ハンガリー	刑法269条で国籍、民族、人種を理由とした憎悪の助長が禁止されている。
8	ロシア	1993年、憲法で差別的表現を認めないと明記した。
9	その他	オランダ、ベルギー、デンマーク、スウェーデン、ノルウェー、ポーランド、インド、タイ、シンガポール、オーストラリア、ブラジルなどで、ヘイトスピーチを禁止する法律が存在する。

出典：ヘイトスピーチについて、東京都人権部　2014年3月27日に筆者加筆

第4条a項・b項（人種差別的な行為に対する処罰立法化）を保留している。それは、「表現の自由の不当な制約や罪刑法定主義への抵触となる恐れがある」という理由からだ。これにより、人種差別の扇動を禁止するための立法が検討されていない。ちなみに日本が同盟国としている米国も、同様に保留している。

　国連の人種差別撤廃委員会は、この第4条a項・b項の保留を問題視しており、2013年9月に「ヘイトスピーチに関する一般的勧告35」を採択し、a項とb項に留保を付している国について、留保が必要な理由、留保のその国の法制度や政策への影響、留保の制限や撤回の予定などの情報提供を要請している。

　2014年8月29日、国連の人種差別撤廃委員会は、日本政府にヘイトスピーチを法律で規制するよう勧告した。これを受けて、不特定多数へのヘイトスピーチを禁止する条項を盛り込んだ法案の動きがある。2020年東京五輪に向けた国際都市作りが進む中、諸外国の規制状況に比べると、日本の法制度の立ち遅れは否定できない。

[3] ヘイトスピーチ動画の投稿

　京都朝鮮学校事件（京都地裁判決35 平成25年10月7日）では、インターネットに掲載したヘイトスピーチのデモの動画が問題になった。この事件は、朝鮮学校の周辺で街宣活動を行い、ヘイトスピーチで差別的な発言を繰り返して授業を妨害したとして、学校法人京都朝鮮学園が、「在日特権を許さない市民の会」（在特会）を訴えたものである。

　京都地裁は、学校の半径200メートルでの街宣活動の禁止と1,220万円の賠償を命じた。裁判長は、ヘイトスピーチの動画をインターネット上に公開した行為について、「著しく侮辱的な発言を伴い、人種差別撤廃条約が禁ずる人種差別に該当する」と認定している。

> **ヘイトスピーチに賠償命令　京都地裁、初の判決**
> 　朝鮮学校の周辺で街宣活動し、ヘイトスピーチ（憎悪表現）と呼ばれる差別的な発言を繰り返して授業を妨害したとして、学校法人京都朝鮮学園が「在日特権を許さない市民の会」（在特会）などを訴

えた訴訟の判決で、京都地裁（橋詰均裁判長）は7日、学校の半径200メートルでの街宣禁止と約1200万円の賠償を命じた。

橋詰裁判長は、街宣や、一連の行動を動画で撮影しインターネットで公開した行為について「（日本も批准する）人権差別撤廃条約で禁止した人種差別に当たり、違法だ」と指摘。「示威活動によって児童らを怖がらせ、通常の授業を困難にし、平穏な教育事業をする環境を損ない、名誉を毀損した」として、不法行為に当たると判断した。

出典：日本経済新聞、2013年10月7日11時52分

[4] ネット上の差別書き込み

ネット上での差別書き込みの実態調査によると、在日韓国人の半数は、週に1回以上差別書き込みに遭遇している。音楽や食の分野では、韓流ブームで日韓の文化交流が盛んになっている半面、従軍慰安婦や竹島の問題で両国の対立も起きている。

韓国は日本にとって身近にある同じアジアの国でありなが

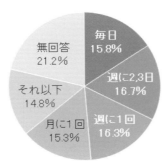

インターネットでの差別書き込み遭遇頻度

出典：在日コリアンへのヘイトスピーチとインターネット利用経験などに関する在日コリアン青年差別実態アンケート調査報告書（最終報告）
在日コリアン青年連合　井沢泰樹（金泰泳）、2014年7月27日公表
実施時期：2013年6月から翌2014年3月末まで
対象：10代～30代の在日コリアン青年
回答数：203名

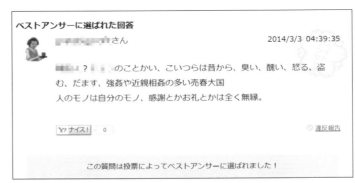

出典：YAHOO!知恵袋（不適切な用語を伏せました。）

ら、分かり合えない一面も同居する国となっている。

　YAHOO!知恵袋に投稿された質問に、差別的な言葉で回答が行われ、その回答が**ベストアンサー**に選ばれている。その回答は1年以上経過しても、削除されずに掲載されたままとなっており、ネット社会のインフラ的存在であるYAHOO!JAPANが、差別の扇動に加担する形になっている。

　まるで、「ヘイトスピーチに寛大な日本の対応」を象徴しているかのようである。

50　**ベストアンサー**
質問者が寄せられた回答の中から選ぶ方法と、ほかの利用者からの投票で選ぶ方法の2つがある。

9.4 公正な採用選考のために

[1]採用選考での不適切な質問

　採用選考の面接で、応募者に、「お国はどこ？」と尋ねると差別につながる。
「まず出身地の話で応募者の気持ちをほぐしてから、面接に入ろう」という親切心が、逆に裏目になるのである。答えやすいだろうと思われる愛読書を尋ねる質問や、尊敬する人物を聞く質問もタブーである。

　採用面接では、本人の能力や、適性に関する質問に限られる。本人の責任とは、無関係の事項である家族状況、本来自由であるべき思想・信条に関する質問もできない。

　購読新聞も思想・信条につながる。新聞は、特に政治的色合いがある話題については、取り上げ方や記事の書きぶりが全く異なるからだ。その証拠に、原発についての主張や、集団的自衛権の支持・不支持も、新聞社ごとに立ち位置が異なるため、紙面での論調や記事の扱いが異なっている。

[2]個人情報の収集

　応募者の個人情報を収集する行為は、公正な採用選考に反する行為となる。個人情報の収集は、本人から直接か、または本人の同意のもとで行うことが原則となる。違反した場合は、職業安定法に基づく改善命令が出されることがある。また、この改善命令に違反すると、6カ月以下の懲役、または30万円以

就職差別につながる質問例

1. 本籍地・出身地に関する質問
(1) 生まれてから、ずっと現住所に住んでいるのですか？
(2) あなたの生まれたところはどこですか？
(3) 今の所に来る前は、どこに住んでいましたか？

2. 現住所の詳細
(1) 自宅はどの辺ですか？
(2) あなたの自宅付近の略図を書いてください。
(3) バス停はどこですか？

3. 家庭の状況
(1) 兄弟（姉妹）は何人ですか？　お姉さん（お兄さん）はいますか？
(2) あなたの家は、持ち家ですか、借家ですか？
(3) お父さん（お母さん）の死因は何ですか？

4. 親兄弟の職業
(1) あなたの兄弟（姉妹）は働いていますか？
(2) あなたのご両親は共働きですか？
(3) あなたの家の家業は何ですか？

5. 思想・信条、宗教に関する質問
(1) あなたの信条としている言葉は何ですか？
(2) あなたは、今の社会・政治をどう思いますか？
(3) 尊敬する人物を言ってください。
(4) あなたの愛読書は何ですか？
(5) あなたの家（あなた）は、何新聞を読んでいますか？
(6) あなたは、元号や西暦表記についてどう考えますか？

6. 男女雇用機会均等に反する質問
(1) 結婚の予定はありますか？
(2) 結婚、出産しても働き続けられますか？

7. その他
(1) タバコを吸ったことがありますか？
(2) 血液型・星座は何ですか？
(3) 短所は何ですか？

出典：「採用と人権－明るい職場を目指して－」東京都産業労働局　2013年2月　「公正な採用選考のために」木曽福島公共職業安定所より作成

下の罰金が科せられることもある。

　特に、応募者の家族状況の調査は、御法度である。

　労働省は個人情報の収集に関して、1999年に指針を告示している。その中で、人種、民族、本籍や思想、信条の収集を禁

原則として収集が認められない個人情報

● 人種、民族、社会的身分、門地、本籍、出生地、その他社会的差別の原因となるおそれのある事項
　・家族の職業、収入、本人の資産等の情報
　・容姿、スリーサイズ等の差別的評価につながる情報
● 思想および信条
　・人生観、生活信条、支持政党、購読新聞・雑誌、愛読書
● 労働組合への加入状況
　・労働運動、学生運動、消費者運動、その他社会運動に関する情報

出典：「公正な採用選考をめざして」平成26年度版　厚生労働省

労働省告示

職業紹介事業者、労働者の募集を行う者、募集受託者、労働者供給事業者等が均等待遇、労働条件等の明示、求職者等の個人情報の取扱い、職業紹介事業者の責務、募集内容の的確な表示等に関して適切に対処するための指針（平成11年労働省告示第141号）
第4法第5条の4に関する事項（求職者等の個人情報の取扱い）
1　個人情報の収集、保管及び使用
（1）職業紹介事業者等は、その業務の目的の範囲内で求職者等の個人情報（1及び2において単に「個人情報」という）を収集することとし、次に掲げる個人情報を収集してはならないこと。ただし、特別な職業上の必要性が存在することその他業務の目的の達成に必要不可欠であって、収集目的を示して本人から収集する場合はこの限りではないこと。
　　イ　人種、民族、社会的身分、門地、本籍、出生地その他社会的差別の原因となるおそれのある事項
　　ロ　思想、及び信条
　　ハ　労働組合への加入状況

労働大臣要請

企業等における公正な採用選考に係る労働大臣要請（平成11年4月1日）
拝　啓
（略）
　貴団体におかれましても、このような趣旨を十分に御理解いただき、今後とも、貴団体傘下各企業において公正な採用選考システムの確立がはかれるよう、とりわけ、採用選考の際に、応募者の家族状況など応募者本人に責任のない事項等についての調査を行うことは就職差別につながるおそれがありますので、このような身元調査が行われることのないよう、格別の御配慮を賜りますことをお願い申し上げます。
　末筆ながら、貴団体及び傘下各企業の益々の御発展をお祈り申し上げます。

敬　具

平成11年4月1日

労働大臣　甘利　明

経済・業種別107団体　代表者　あて

じている。

　1999年4月に労働大臣は、個人情報の調査に関して、各団体に要請を行っている。ここでも公正な採用選考を行うために、就職差別につながるおそれがある身元調査を行わないよう、要請している。

　労働大臣からの要請を受けて、例えば東京都では東京都労働経済局から事業主に、応募者本人に責任がない事項の調査を実施しないよう、公正採用の要請が行われている。

> **東京都労働経済局長要請**
>
> 企業における公正な採用選考の実施についての東京都労働経済局長要請（平成11年5月17日）
> 拝　啓
> （略）
> 　今後とも、このような趣旨を十分にご理解いただき、採用選考に際しましては、応募者の家族状況など応募者本人に責任のない事項等についての調査を実施しないよう、また、公正な採用選考システムの確立が図られますよう、格別のご配慮を賜りますことをお願い申し上げます。
> 　末筆ではございますが、貴社の益々のご発展をお祈り申し上げます。
> 　　　　　　　　　　　　　　　　　　　　　　　　　　　　　敬　具
>
> 平成11年5月17日
> 　　　　　　　　　　　　　　東京都労働経済局長　大関東支夫
>
> 各事業主　殿

[3] ネットを利用した素行調査

　ブログ、掲示板、facebook、ツイッターには、普段の行動や発言など、応募者の素行が表れている。応募書類や採用面接では知ることができない応募者の素顔が、ネットの上で見つかることがある。

　ネットに掲載された情報は、「公然」と見なされるため、採用選考の際にネットを検索して見ること自体には、違法性はない。ただし、ネットを利用した調査の際には、就職差別につな

> **ネットで見える応募者の素顔**
>
> - 武勇伝、自慢話、悪ふざけ話　　「線路を走って逃げた (^_^;)」
> - 採用選考に関する投稿　　　　　「面接のおっさん、ウザかった」
> - 会社に対する批判、悪口　　　　「○○会社はブラックだ」
> - 公序良俗に反する言動　　　　　「優先席でLINEしまくった」
> - 法や条例に反する言動　　　　　未成年者の飲酒、喫煙、権利侵害

がらないよう注意しなければならない。つまり、ネットで「本人の能力、適性に関係ない事項」や「本人に責任のない事項」を収集することは認められない。

　ネットから得た応募者に関する情報の扱いには、注意を要する。その真偽が定かではないからだ。公正な採用選考に反しないようにするためには、ネットからの情報を鵜呑みにしないことである。もとより、インターネットの利用には資格審査がなく、誰でも自由に情報を発信できる。なりすましも可能だ。個人が掲載する情報には、事前審査も校正も第三者チェックもない。責任の所在が不明である。そのような状況で発信された応募者の情報を、採用選考に使うことには危険が伴うことに留意すべきである。

> **採用選考に使うことの危険**
> - 同姓同名が存在する。
> - 「なりすまし」や誤情報の可能性もある。
> - 一方的に書き込まれた悪評もある。

　個人の書き込みには責任の所在が不明である。従って、真偽を確認しなければ、採用選考の材料にすることができない。もしも、不採用の根拠にするならば、十分な裏付けが必要となる。万一の時には、「説明責任を果たさなければならない」ことを念頭に置いて選考すべきであろう。

第3章 ネット時代の法整備

1 法整備の現状

インターネットが生活の中に普及を始めたのは、1995年[51]からである。この年の流行語大賞ベスト10に、インターネットという言葉が選ばれた。普及を始めてまだ歴史の浅い技術であり、毎年のように新しい機能やサービスが加わっている。

残念なことに、新しい機能やサービスが生まれる度に、犯罪に悪用されてきた。多くの被害者が出て、社会問題となり、その後に法律が整備される。法整備はいつも後手であり、後追いになるというのは世の常である。インターネットもしかり。

トラブルや事件、犯罪が多く発生し、それらに対応するために、法律が改正されたり、制定されたりを繰り返してきた。

法整備された分野	
● 違法書き込み	● 有害情報・有害サイト
● 消費者保護	● 迷惑メール
● 著作物保護	● 不正行為
● 児童の保護	● 乗り物での携帯電話

これまでネット社会に対応する法整備が、様々な分野で進んできた。その分野は「違法書き込み」「消費者保護」「著作権保護」「児童の保護」「有害情報・有害サイト」「迷惑メール」「不正行為」「乗り物での携帯電話」などで、これらの中で人権に深く関わる分野は、「違法書き込み」と「児童の保護」である。「違法書き込み」の分野では、プロバイダ責任制限法やリベンジポルノ規制法が施行された。刑法は従来の侮辱罪、名誉毀損罪、信用毀損罪、脅迫罪がそのままネットに適用されている。「児童の保護」の分野では、児童に対する人権侵害である、児童ポルノの提供・所持が児童ポルノ禁止法で禁じられた。

また、ネットいじめへの対応が、いじめ防止対策推進法によって義務付けられた。

ネット時代に行われてきた法整備の中でも、人権侵害に関わるこれら2つの分野の法整備について解説する。

[51] 1995年はWindows95が発売された年であり、またPHSの発売をきっかけに携帯電話の爆発的な普及が始まった年でもある。社会の大きな出来事として、地下鉄サリン事件や、阪神淡路大地震が起きた。

1 法整備の現状／2 プロバイダ責任制限法

インターネットに対応した法整備

1．違法書き込み
- プロバイダ責任制限法
- リベンジポルノ規制法
- 刑法（侮辱罪、名誉毀損罪、信用毀損罪、脅迫罪）

2．消費者保護
- 個人情報保護法
- 電子契約法
- 預金者保護法

3．著作物保護
- 著作権法（公衆送信権）
- 著作権法（ダウンロード）

4．児童の保護
- 児童ポルノ禁止法
- いじめ防止対策推進法

5．有害情報・有害サイト
- 出会い系サイト規制法
- 青少年インターネット環境整備法

6．迷惑メール
- 特定商取引法
- 迷惑メール規制法
- 刑法（ウイルス作成罪）
- ストーカー規制法（執拗なメール）

7．不正行為
- 不正アクセス禁止法
- 携帯電話不正利用防止法

8．乗り物での携帯電話
- 道路交通法（自動車での使用）
- 道路交通規則（自転車での使用）
- 航空法（機内での使用）

出典：佐藤佳弘「ネット上の人権侵害」公正採用選考人権啓発推進員研修会 ハローワーク府中 2012年11月22日に追記

2 プロバイダ責任制限法

[1] プロバイダ責任制限法の概要

2002年5月に**プロバイダ責任制限法**[52]が施行された。これはプロバイダの責任が及ぶ範囲を限定化した法律である。この法律により、プロバイダは人権を侵害する悪質な書き込みに対処しやすくなった。この法律の対象となる特定電気通信役務提供者とは、プロバイダや電子掲示板を運営している者（電気通信事業者、大学、自治体、電子掲示板を管理する個人も含む）を

● 掲載内容の削除　　● 発信者の身元情報の開示

52　**プロバイダ責任制限法**
特定電気通信役務提供者の、損害賠償責任の制限、及び発信者情報の開示に関する法律。2002年5月27日施行。略称「プロバイダ法」。

指している。

　この法律により、プロバイダは2つのことが可能になった。それは「掲載内容の削除」と、「発信者の身元情報の開示」である。これまで被害者から削除を要請されて、プロバイダが悪質な書き込みを削除すると、逆に発信者から「表現の自由」を侵害されたとして、損害賠償責任を負う危険があった。そのため被害者から求められても、容易には削除ができなかったのである。それがプロバイダ責任制限法によって、相当の理由がある場合には、削除しても損害賠償責任を免責されることになった。発信者に削除を照会し、7日を経過しても発信者から削除に同意しない旨の申出がなかった時に、書き込みは削除される。もしも、発信者から削除を拒絶する通知があった場合には、プロバイダは権利侵害があるのかを審査して、削除するか否かを判断する。

　また、誹謗中傷を受けた被害者が、発信者、つまり書き込んだ者の身元情報の開示を求めても、顧客情報の守秘義務や通信の秘密が壁となって、容易には開示されなかった。これについても、相当の理由があれば、身元情報を開示できるとした。相当の理由には、損害賠償請求権の行使などがあり、開示できる情報は、発信者の氏名、住所などである。

開示請求に相当の理由とは
- 損害賠償請求権の行使のため
- 謝罪広告等名誉回復措置の要請のため
- 差止請求権の行使のため
- 発信者に対する削除要請のため

出典：プロバイダ責任制限法ガイドライン等検討協議会「プロバイダ責任制限法　発信者情報開示関係ガイドライン」平成19年2月

開示請求できる発信者の情報
- 発信者の氏名、または名称
- 発信者の住所
- 発信者の電子メールアドレス
- 発信者が侵害情報を流通させた際の、当該発信者のIPアドレス
- そのIPアドレスから侵害情報が送信された年月日および時刻

出典：プロバイダ責任制限法ガイドライン等検討協議会「プロバイダ責任制限法　発信者情報開示関係ガイドライン」平成19年2月

2 プロバイダ責任制限法

[参考] 書き込み削除について他国の状況

No	国名	関連法律	免責規定
1	米国	連邦通信法	わいせつ情報等につながらないよう制限しても責任を問われない。
2	ドイツ	テレメディア法	違法情報を知ってから速やかに削除すれば、責任を負わない。
3	英国	電子商取引施行規則2002	違法情報を知ってから速やかに削除すれば、責任を負わない。
4	フランス	デジタル経済法	違法情報を知ってから速やかに削除すれば、責任を負わない。
5	日本	プロバイダ責任制限法	権利侵害情報だと信じたことに相当の理由があれば、削除しても損害賠償責任を負わない。
6	韓国	情報通信網利用促進及び情報利用等に関する法律	個人の権利侵害があった場合、要請があれば速やかに削除しなければならない。

出典：読売新聞 2008年3月7日（総務省調べ）

[2] サイトの常時監視義務

　ネット上のサービスを提供している事業者は、自らが運営しているネット掲示板で、人権侵害などの権利侵害が行われていても監視する義務はないのだろうか。情報発信の場さえ提供していれば、そこで違法行為が行われようとも監視しなくてもよいのだろうか。提供しているサービスの健全性の確保、維持に努めなくてもよいのだろうか。実は、ネット掲示板の運用側には、常時監視の義務はない。悪質な書き込みを削除する際に参照されるガイドラインがある。それは「プロバイダ責任制限法 名誉毀損・プライバシー関係ガイドライン」である。このガイドラインは、**プロ**

出典：「プロバイダ責任制限法 名誉毀損・プライバシー関係ガイドライン」プロバイダ責任制限法ガイドライン等検討協議会、第3版 2011年9月（補訂2014年12月）

バイダ責任制限法ガイドライン等検討協議会[53]が作成したもので、法務省の人権擁護機関も、このガイドラインに基づいて削除要請を行っている。

「プロバイダ責任制限法　名誉毀損・プライバシー関係ガイドライン」の3条1項2号に、**プロバイダ等**[54]に常時監視義務はないと明記されている。つまり、管理者や運用者は、被害者からの被害の申告や削除要請があって、自己が管理するネット掲示板上で、他人の名誉を毀損する書き込みがなされたことを知ったならば、何らかの対処をしなければならない。しかし、自らネットを監視する義務はないのである。

現状として、ネットは「書きたい放題」「書かせたい放題」となっている。プロバイダは、人権侵害の書き込みがなされたことを知り得てから、対処すればよいのである。場を提供するサービス側としては、場を提供していながら、そこで何が起きていようとも関知せず、利用者のための安全対策を講ずる必要がないということである。

> **①常時監視義務がないこと**
>
> ウェブページ、または電子掲示板等に掲載された情報の流通によって他人の権利が侵害されている場合に、そもそも当該情報が流通していること自体をプロバイダ等が知らなかったときは（知らなかったことの理由を問わず）、プロバイダ等が送信防止措置を講じなかったとしても、申立者との関係で当該情報を放置したことによる損害賠償責任を負わない（法3条1項2号）。
>
> いいかえれば、プロバイダ等は、自己の管理下にあるサーバに格納された情報が他人の権利を侵害していないかどうかを監視する義務はない。
>
> 出典：「プロバイダ責任制限法　名誉毀損・プライバシー関係ガイドライン」プロバイダ責任制限法ガイドライン等検討協議会、第3版2011年9月（補訂2014年12月）

自己が管理するネット掲示板を、常時監視する義務がない理由として、ガイドラインには次のように述べられている。

- 常時監視は負担が大きい。
- プロバイダ等が必要以上に削除する恐れがある。
- プロバイダ等が正確に違法性を判断することは困難である。

53　プロバイダ責任制限法ガイドライン等検討協議会
テレコムサービス協会、電気通信事業者協会、日本インターネットプロバイダー協会の3団体で構成されている。

54　プロバイダ等
「プロバイダ等」とは、プロバイダ、サーバーの管理・運営者、ネット掲示板の管理者を指している。

3 いじめ防止対策推進法

　大津市中2いじめ自殺事件をきっかけに、いじめが社会問題となり、いじめ防止対策推進法が2013年9月28日に施行された。この法律は、いじめを禁止し、国と学校にいじめ防止基本方針の策定を義務付けた。特徴的なことは、インターネットを通じて行われるいじめ、すなわち「ネットいじめ」を明記したことである。

> いじめ防止対策推進法のポイント
> - ポイント1：いじめの定義
> - ポイント2：ネットいじめの防止対策
> - ポイント3：犯罪性の見極め
> - ポイント4：いじめ防止対策組織の義務化

■ ポイント1：いじめの定義

　いじめ防止対策推進法では、対象になった児童が心身の苦痛を感じた場合、児童に対する行為を「いじめ」と定めた。そのため、「いたずら」や「ちょっかい」も含む広い定義となっている。被害者の苦痛が基準となる点は、セクハラの定義と同様である。しかし、児童が「嫌だ」と言えば、遊びの範囲であっても「いじめ」になり得る点は要注意である。

> （定義）第2条第1項
> 第二条　この法律において「いじめ」とは、児童等に対して、当該児童等が在籍する学校に在籍している等当該児童等と一定の人的関係にある他の児童等が行う心理的、または物理的な影響を与える行為（インターネットを通じて行われるものを含む）であって、当該行為の対象となった児童等が心身の苦痛を感じているものをいう。

■ ポイント2：ネットいじめの防止対策

　いじめ防止対策推進法は、一般的ないじめの防止対策だけでなく、わざわざネットいじめについても明記している。そして、ネットいじめについて、児童と保護者に対する啓発を義務化した。学校は児童と保護者に対して、一般的ないじめではなく、

ネットいじめの啓発をしなければならない。

> （インターネットを通じて行われるいじめに対する対策の推進）第19条第1項
> 第十九条　学校の設置者及びその設置する学校は、当該学校に在籍する児童等及びその保護者が、発信された情報の高度の流通性、発信者の匿名性その他のインターネットを通じて送信される情報の特性を踏まえて、インターネットを通じて行われるいじめを防止し、及び効果的に対処することができるよう、これらの者に対し、必要な啓発活動を行うものとする。

■ ポイント３：犯罪性の見極め

　いじめが犯罪行為として扱われるべきと判断した場合は、所轄の警察署と連携することが義務付けられた。学校の敷地内は

[参考] いじめが抵触する可能性のある刑罰・法規

No	罪名	刑罰
1	傷害罪（刑法第204条）	15年以下の懲役、または50万円以下の罰金
2	暴行罪（刑法第208条）	2年以下の懲役、もしくは30万円以下の罰金、または拘留、もしくは科料
3	強要罪（刑法第223条）	3年以下の懲役
4	窃盗罪（刑法第235条）	10年以下の懲役、または50万円以下の罰金
5	恐喝罪（刑法第249条）	10年以下の懲役
6	器物損壊罪（刑法第261条）	3年以下の懲役、または30万円以下の罰金もしくは科料
7	強制わいせつ罪（刑法第176条）	6か月以上10年以下の懲役
8	名誉毀損罪（刑法第230条）	3年以下の懲役もしくは禁錮、または50万円以下の罰金 ＜親告罪＞
9	侮辱罪（刑法第231条）	拘留（1日以上30日未満）、または科料（1,000円以上1万円未満）＜親告罪＞
10	不法行為（民法第709,710条）	損害賠償

出典：初等中等教育局児童生徒課生徒指導室などから作成

学校が自治すべき場所だと考えている教員も多い。児童生徒は学校が保護すべき存在であり、警察を介入させるべきでないという意識も強い。

しかし、いじめ防止対策推進法は、犯罪行為であり、被害が生じる恐れがあれば、直ちに警察署に通報することを義務付けた。学校は、犯罪性の見極めを求められることになる。

警察署への通報の判断は、最終的には校長の責任において下されることになろう。

これまで以上に校長の責務が重くなったといえる。

> (いじめに対する措置) 第23条第6項
> 学校は、いじめが犯罪行為として取り扱われるべきものであると認めるときは、所轄警察署と連携してこれに対処するものとし、当該学校に在籍する児童等の生命、身体、または財産に重大な被害が生じるおそれがあるときは、直ちに所轄警察署に通報し、適切に、援助を求めなければならない。

■ ポイント4：いじめ防止対策組織の義務化

いじめ防止対策推進法は、いじめ対策組織の設置を学校に義務付けた。いじめ対策組織は、当該学校の複数の教職員はもちろんのこと、心理・福祉の専門知識を有する者から構成させることを求めている。すなわち、従来の職員会議、主任会議では済まされない。

学校は、いじめは重大事態であるという認識をさらに強め、専門家から構成される、いじめ対策組織を設置することが急務となっている。

> (学校におけるいじめの防止等の対策のための組織) 第22条
> 学校は、当該学校におけるいじめの防止等に関する措置を実効的に行うため、当該学校の複数の教職員、心理、福祉等に関する専門的な知識を有する者、その他の関係者により構成されるいじめの防止等の対策のための組織を置くものとする。

4 児童ポルノ禁止法

[1] 児童ポルノ禁止法の概要

児童ポルノは児童に対する人権侵害である。世界に流通する児童ポルノの多くが日本製であることから、日本は諸外国から「児童ポルノ大国」と批判されてきた。2001年12月に横浜で開催された「**第2回児童の商業的性的搾取に反対する世界会議**」[55]では、「アイルランドのコーク大学が、1997年6月から11月の間に実施した調査によると、ウェブ上に存在する未成年の女児の性的な画像の多くは日本から発信されており、発見されたウェブ・サイトの73％を占めていた」と報告された。

児童ポルノは、**児童ポルノ禁止法**[56]によって規制されている。児童ポルノの児童とは、18歳未満の者をいう。つまり、17歳の高校生は児童ポルノの対象者となる。

児童ポルノをネットに掲載する行為は、不特定、または多数の者への提供に該当し、5年以下の懲役、または500万円以下の罰金、または併科となる。

児童ポルノ禁止法の禁止事項と罰則

No	禁止事項	罰則
1	児童ポルノの提供	3年以下の懲役、または300万円以下の罰金
2	児童ポルノの不特定、または多数の者への提供	5年以下の懲役または500万円以下の罰金、または併科

(参考) 刑法第175条 (わいせつ物頒布等の罪) 2年以下の懲役、または250万円以下の罰金、または併科

ちなみに、**わいせつ物頒布等の罪**[57]の罰則は、2年以下の懲役、または250万円以下の罰金、または併科である。わいせつ物頒布等の罪には、わいせつ物頒布罪、わいせつ物陳列罪、わいせつ物販売目的所持罪が含まれる。成人のポルノに比べると、児童ポルノの場合は、懲罰が倍になるということである。

---

55 第2回児童の商業的性的搾取に反対する世界会議
日本政府、ユニセフなどが共催。日本からは外務大臣が開会のあいさつを行い、法務大臣が基調講演を行った。

56 児童ポルノ禁止法
児童買春、児童ポルノに係る行為等の処罰、及び児童の保護等に関する法律。1999年11月1日施行。

57 わいせつ物頒布等の罪
刑法第175条「わいせつな文書、図画、電磁的記録に係る記録媒体、その他の物を頒布し、または公然と陳列した者は、2年以下の懲役、または250万円以下の罰金、もしくは科料に処し、または懲役、及び罰金を併科する。電気通信の送信により、わいせつな電磁的記録、その他の記録を頒布した者も、同様とする(第1項)。有償で頒布する目的で、前項の物を所持し、または同項の電磁的記録を保管した者も、同項と同様とする(第2項)。」

[2] 児童ポルノを送らせる行為

児童に裸写真を送らせる行為もまた、児童ポルノ禁止法違反となる。

> **児童ポルノ：「宿題代行、裸写真送れ」容疑で中学教諭再逮捕－大阪府警**
> 出会い系サイトで知り合った女子中高生に裸の画像を送らせたとして、大阪府警は21日、兵庫県川西市の私立西南中教諭、○○○○容疑者（41）を児童買春・児童ポルノ禁止法違反（製造）の疑いで再逮捕したと発表した。府警サイバー犯罪対策課によると、宿題を代行した見返りなどに画像を提供させていたとみられる。
> 出典：毎日新聞2013年5月22日東京朝刊

[3] 所持の違法性

日本では児童ポルノ禁止法が提供を禁止しているものの、提供を受けること、つまり購入すること、ネットからダウンロードすることは、禁止されていなかった。この状況が児童ポルノ大国という批判ともなっていた。

この状況に対応するため、いくつかの自治体は条例で、児童ポルノの所持を禁止して対処してきた。その後、後追いの形で2014年6月に児童ポルノ禁止法が改正され、ようやく単純所持が禁止された。単純所持とは、使用・配布・販売・提供目的での所持ではなく、私的利用の目的での所持である。つまり、個人的な趣味であっても所持が禁止された。

> **児童ポルノ：「単純所持」禁止　改正法が成立**
> 18歳未満の少年少女のわいせつな写真といった「児童ポルノ」の単純所持を禁じた改正児童買春・ポルノ禁止法は、18日午前の参院本会議で自民、公明、民主などの賛成多数により可決、成立した。「性的好奇心を満たす目的で、自己の意思に基づく所持」には1年以下の懲役か100万円以下の罰金を科す。単純所持処罰の必要性が議論されて十数年。被害拡大の歯止めに期待がかかる。
> 出典：毎日新聞2014年6月18日10時54分　（最終更新6月18日13時8分）

日本では無許可での単純所持が、禁止・規制されている物が

```
日本で単純所持が禁止、制限されているもの
  ● あへん        ● 化学兵器      ● 銃砲
  ● 密造アルコール  ● 火薬類        ● 刀剣
  ● 火炎ビン      ● 密造酒        ● 爆発物
  ● 覚せい剤      ● サリン        ● 他
```

```
[参考] 条例で児童ポルノの所持を禁止している自治体
● 栃木県：子どもを犯罪の被害から守る条例（2013年制定）
    13歳未満の児童に関わるものが対象。30万円以下の罰金。
● 京都府：児童ポルノの規制等に関する条例（2011年制定、京都府条例第32号）
    「第7条 何人も、正当な理由なく、児童ポルノを所持し、または児童
    ポルノの提供を受けてはならない」。違反者には、1年以下の懲役、ま
    たは50万円以下の罰金。ただし、13歳未満の児童に係るものに限る。
● 奈良県：子どもを犯罪の被害から守る条例（2005年制定）
    13歳未満の児童に関わるものが対象。30万円以下の罰金。
```

いくつかある。銃、刀、麻薬、覚せい剤などである。これらに児童ポルノが加わった形である。

5 リベンジポルノ被害防止法

　三鷹ストーカー殺人事件では、容疑者がフラれた腹いせに、交際していた時の女子高生の性的な画像や動画を、ネットに掲載していたことから、リベンジポルノが社会問題となった。この事件を契機に、国会でもリベンジポルノが議論されるようになり、**リベンジポルノ被害防止法**[58]の成立に至っている。

　リベンジポルノ被害防止法が定義するリベンジポルノが、電子画像を指していることから、特にネットへの掲載や拡散させる行為を対象としていることがわかる。

58 **リベンジポルノ被害防止法**
私事性的画像記録の提供被害防止法。2014年11月19日可決・成立。

```
リベンジポルノの定義
● 性交や、似た行為の電子画像
● 他人が人の性器などを触る行為や、人が他人の性器などを触る行為で性欲を興
  奮・刺激する電子画像
● 衣服の全部か一部を着けない姿態で、ことさら性的な部位が露出・強調され、
  性欲を興奮・刺激する電子画像
```

特徴的なことは、拡散の被害を防ぐために、早期削除を可能にした点である。プロバイダ責任制限法に基づいた処置では、警告してから削除するまで7日間の猶予がある。その間に拡散して被害者をさらに苦しめる可能性があった。これに対して、リベンジポルノ被害防止法では、2日後の削除を可能にしている。

リベンジポルノをネットに掲載すると、罰則は3年以下の懲役、または50万円以下の罰金となる。

リベンジポルノ被害防止法の禁止事項と罰則

No	罪名	禁止事項	罰則
1	公表罪	第三者が撮影対象者を特定できる方法で、不特定多数に提供する行為	3年以下の懲役、または50万円以下の罰金
2	公表目的提供罪	少数でも拡散目的で無料通話アプリ「LINE」などに提供する行為	1年以下の懲役、または30万円以下の罰金

6 青少年インターネット環境整備法

[1] 保護者と携帯電話会社に課せられた義務

青少年インターネット環境整備法は、「青少年が安全に安心してインターネットを利用できるようにすること」を目的としている。ここでいう青少年とは18歳未満、つまり17歳の高校生までを含んでいる。

59 青少年インターネット環境整備法
青少年が安全に安心してインターネットを利用できる環境の整備等に関する法律(平成20年法律第79号) 2009年4月1日施行。

> **保護者の義務**
> (携帯電話インターネット接続役務提供事業者の青少年有害情報フィルタリングサービスの提供義務)
> 第十七条
> 2 携帯電話端末、またはPHS端末をその保護する青少年に使用させるために、携帯電話インターネット接続役務の提供を受ける契約を締結しようとする保護者は、当該契約の締結に当たり、携帯電話インターネット接続役務提供事業者に対しその旨を申し出なければならない。

保護者は、青少年に使用させるために、携帯電話からインターネットに接続できるようにする契約を結ぶ際には、携帯電話会社に対してその旨を申し出る義務がある。そして、携帯電話会社は、保護者が利用しない旨を申し出ない限り、**フィルタリングサービス**[60]を提供する義務がある。

> **携帯電話会社の義務**
> （携帯電話インターネット接続役務提供事業者の青少年有害情報フィルタリングサービスの提供義務）
> 第十七条　携帯電話インターネット接続役務提供事業者は、携帯電話インターネット接続役務を提供する契約の相手方、または携帯電話端末、もしくはPHS端末の使用者が青少年である場合には、青少年有害情報フィルタリングサービスの利用を条件として、携帯電話インターネット接続役務を提供しなければならない。ただし、その青少年の保護者が、青少年有害情報フィルタリングサービスを利用しない旨の申出をした場合は、この限りでない。

[60] **フィルタリング（有害サイトアクセス制限）**
有害サイトへの接続を拒否・遮断する機能。

保護者や携帯電話会社だけでなく、国や自治体も責務を負う。青少年インターネット環境整備法は、国や自治体に対して、インターネットの適切な利用の教育の推進を義務付けている。

> **国、自治体の義務**
> （インターネットの適切な利用に関する教育の推進等）
> 第十三条　国及び地方公共団体は、青少年がインターネットを適切に活用する能力を習得することができるよう、学校教育、社会教育及び家庭教育におけるインターネットの適切な利用に関する教育の推進に必要な施策を講ずるものとする。

[2] 青少年健全育成条例

青少年インターネット環境整備法では、青少年が利用する携帯電話インターネットであっても、正当な理由があればフィル

> **理由書の提出を求めている自治体の例**
> - 香川県（平成24年4月施行）
> - 長崎県（平成24年3月施行）
> - 岡山県（平成23年10月施行）
> - 大阪府（平成23年7月施行）
> - 京都府（平成23年4月施行）
> - 神奈川県（平成23年4月施行）
> - 石川県（平成22年1月施行）
> - 新潟県（平成24年4月施行）
> - 群馬県（平成24年1月施行）
> - 鳥取県（平成23年7月施行）
> - 東京都（平成23年7月施行）
> - 静岡県（平成23年4月施行）
> - 埼玉県（平成22年10月施行）
> - 兵庫県（平成21年7月施行）
>
> 出典：「学校ネットパトロールに関する調査研究協力者会議　報告書　学校ネットパトロールに関する取組事例・資料集　教育委員会等向け」平成24年3月、文部科学省

タリング・サービスを外すことができるため、現実にはザル法となっている。これに対して、いくつかの自治体は、青少年健全育成条例の中で、理由書を提出しなければならないという条項を定めている。

東京都青少年の健全な育成に関する条例

(携帯電話端末等による青少年有害情報の閲覧防止措置)
第十八条の七の二　保護者は、青少年が携帯電話インターネット接続役務に係る契約(当該契約の内容を変更する契約を含む。以下同じ)の当事者となる場合、または保護者が青少年を携帯電話端末等の使用者とする携帯電話インターネット接続役務に係る契約を自ら締結する場合において、青少年インターネット環境整備法第十七条第一項ただし書の規定により、青少年有害情報フィルタリングサービスを利用しない旨の申出をするときは、東京都規則で定めるところにより、保護者が携帯電話インターネット接続役務提供事業者が提供するインターネットの利用状況に関する事項の閲覧を可能とする役務を利用すること等により、青少年がインターネット上の青少年有害情報(青少年インターネット環境整備法第二条第三項に規定する青少年有害情報をいう)を閲覧することがないように適切に監督すること。その他の東京都規則で定める正当な理由その他の事項を記載した書面を、携帯電話インターネット接続役務提供事業者に提出しなければならない。

7　出会い系サイト規制法

出会い系サイト規制法[61]は、出会い系サイト[62]の利用に起因する児童買春、その他の犯罪から児童を保護し、児童の健全な育成に資することを目的としている。出会い系サイトの掲示板に、児童を相手方とする異性交際を求める書き込みをすること、つまり誘引行為を禁止した。出会い系サイト規制法において、児童とは18歳未満をいう。すなわち、この法においても17歳の高校生は児童である。

注意すべきは、児童に対する異性交際を求める書き込みが禁止されているだけでなく、児童本人からの誘い掛けの書き込みも禁止されている点である。罰則は100万円以下の罰金となる。

出会い系サイト規制法の禁止誘引行為とは、具体的には次のような書き込みをいう。

61　**出会い系サイト規制法**
異性紹介事業を利用して児童を誘引する行為の規制等に関する法律、2008年12月1日施行。

62　**出会い系サイト**
面識のない異性との交際に関する情報を、インターネット上の掲示板等に掲載し、電子メール等を利用して相互に連絡できるようにするサービスを行うサイト。

> **禁止誘引行為**
> - 児童を性交等の相手方となるように誘引する書き込み
>   （例）「エッチできる女の子。中希望」
> - 児童にかかわる異性交際を誘引する書き込み
>   （例）「中2の女子です。彼氏募集します」
> - 金銭などと引換えに異性交際の相手方となるように誘引する書き込み
>   （例）「サポしてくれる方探しています」

> 「エッチなお姉さんいませんか」少年ら書類送検
>
> 　長野県警佐久署と県警少年課は26日、出会い系サイト規制法違反（禁止誘引行為）の疑いで少年2人を長野家裁上田支部に書類送検した。
>
> 　発表によると、書類送検されたのは千葉県船橋市、中学3年男子（14）と東京都新宿区、高校1年男子（15）。
>
> 　中3男子は1月中旬頃、自宅で携帯電話を使って、高1男子は2月上旬頃、自宅で携帯ゲーム機を使い、それぞれインターネット上の無料掲示板に、自分のわいせつな行為の相手となるよう誘う書き込みを行った疑い。2人は「15歳です。エッチなお姉さんいませんか」などと書き込んだという。
>
> 出典：読売新聞2013年4月27日12時18分

　出会い系サイト規制法には、他にも注意を要する点がある。それは、対象をインターネット異性紹介事業だけに限定していることである。いわゆる、出会い系サイトでの書き込みだけが対象なのである。

　児童が被害にあう場は、出会い系サイトから一般のSNSなどのコミュニティサイト[63]に移っている。むしろ、一般のコミュニティサイトでの被害の方がはるかに多い。それにもかかわらず、SNSや通常のコミュニティサイトが使われた場合は、規制の対象外なのである。

　もはや出会い系サイト規制法は、出会い系サイトだけを規制するザル法となっている。

63　**SNSなどのコミュニティサイト**
警察庁広報資料（2015年4月16日）によると、2014年中に出会い系サイトに起因して犯罪被害にあった児童は152人、コミュニティサイトに起因して犯罪被害にあった児童は1,421人である。

第4章
ネットトラブルへの対処法

ネット上での人権侵害の書き込みへの対処は、インターネットという仮想空間で行われているだけに、現実社会での人権侵害よりも対処がやっかいである。その理由は、ネット上での人権侵害の書き込みの場合は、「発見が遅れる」「拡散が容易である」「迅速に削除できない」「書き込み者の特定が容易ではない」など、いくつもの困難が伴うからである。

　リベンジポルノ規制法によって、リベンジポルノについては比較的に迅速に削除できるようになった。しかし、ネット上での誹謗中傷については、即座に削除できるような法整備はされていない。人権侵害の被害者が書き込みを削除させるには、まだまだ大きな困難が伴っている。

　この章では、ネット上での悪質書き込みへの対処を述べる。

1 証拠の保存

　ネット上の悪質書き込みを発見した場合、その書き込みがいつまでも同じサイトに残っているという保証はない。今後の対処のためにも、被害にあったことの証拠を保存しておく必要がある。可能であれば、問題の書き込みを用紙に印刷することが原則である。しかし、パソコンであればプリンタで印刷できても、スマホの場合はすぐに印刷できないこともある。

　以下に機器別に、証拠の保存方法を解説する。

■ **パソコン、タブレット端末で確認できる書き込み**

　ネット掲示板、ブログ、ホームページ、facebook、ツイッター、mixi、Yahooメールなど**インターネットブラウザ**[64]を使うものについては、ブラウザ自身の印刷機能を使用して用紙に印刷することができる。それは、画面左上に表示されたメニュー「ファイル」→「印刷」を使う方法である。

　書き込みが行われていたサイト名、URL[65]、日付も一緒に印刷するとよい。サイト名などの情報は、印刷の前に「ページ設定」で設定すれば、ヘッダーやフッターに一緒に印字できる。もしも、設定の知識がないのならば、印刷後に手書きで書き入

[64] **インターネットブラウザ**
ホームページを閲覧するソフトウエア。代表的なものにマイクロソフト社のインターネットエクスプローラ、グーグル社のグーグルクロームがある。

[65] **URL（Uniform Resource Locator）**
ホームページアドレス。

1 証拠の保存

れるとよい。

　また、ディスプレイ画面に表示されているのであれば、画面キャプチャーを使って、パソコン内やUSBメモリーなどの記録媒体に保存することもできる。いったん保存できていれば、プリンタが接続されているパソコンを使って、何度でも印刷できる。画面キャプチャーの方法については、巻末の付録を参照されたい。

　インターネットやパソコンの知識に乏しくて、印刷や保存の操作ができない場合には、画面をスマホやデジカメで撮影して写真として残すという方法もある。撮影した写真画像は早い時期に印刷して保管することをお勧めする。なぜかというと、電子データは記録媒体の障害で読み出しができなくなる危険があるうえ、誤って削除する人為的ミスもあり得るからである。

■ **スマホ、携帯電話に送られたメッセージ**

　被害者のスマホや、携帯電話でしか確認できない書き込みがある。電子メール、LINEなどで送られてくるメッセージがある。このような場合は、第3者のスマホに同じ画面を表示させることができないため、被害者のスマホを使って、証拠を保全しなければならない。

　スマホの場合は、スクリーンショット機能で表示画面を画像として保存できる。スクリーンショットの操作方法については、巻末の付録を参照されたい。

　電子メールであれば、パソコンにメールを転送して、パソコン側で印刷するという方法もある。その際は、送信者のメールアドレスや、受信日時が記録されたヘッダーも一緒に印刷するようにしたい。

　保存方法を忘れてしまった時は、パソコンやタブレット端末の場合と同様に、デジカメや他のスマホで画面を撮影するという方法もある。このようにして撮影した画面も、やはり早い時期に印刷して保管することをお勧めする。

2 書き込みの削除

2.1 書き込みの関係者

[1] 早期削除の必要性

　ネット上の悪質書き込みを発見したら、早期に削除しなければならない。そのまま放置しておくと、多くの人の目に留まるだけでなく、他のサイトに転載されて、拡散する危険があるからである。拡散してしまってからでは削除が非常に困難になる。
　ネット上の書き込みは、駅前の電信柱に中傷ビラを貼られているのと同じである。時間とともに多くの人が目にすることになる。「見なかったことにする」などという大人の対応は、タブーだ。書き込みを発見したら、即座に削除のアクションに移らなければならない。

[2] 書き込みに関与している関係者

　人権侵害の書き込みは、早期発見・早期削除が対処の基本である。しかしながら、書き込みを簡単には削除できないことが、ネット人権侵害の最大の問題である。壁に書かれた落書きや貼られたビラとは異なり、ネット上の書き込みは削除が容易ではないからだ。その原因のひとつが関係者の多さである。

書き込みの関係者	①発信者 ②当該掲示板、ブログの管理人 ③サービスの運営会社 ④インターネット接続業者 ⑤転載先のサイトを開設している管理人 ⑥転載先のインターネット接続業者

　ネット掲示板への書き込みについては、次の6者が関係している。

①発信者
　ネットに書き込んだ本人。インターネットの一般利用者であ

り、匿名で書き込んでいることが多い。

②当該掲示板、ブログの管理人

　書き込んだ先の掲示板や、ブログを開設した者。通常は書き込みの削除権を持っている。誰もが掲示板やブログを開設できるため、多くの場合、運営会社ではなく、ネットの一般利用者が管理人になっている。

③サービスの運営会社

　ネット上のサービスを提供している会社。利用者が匿名でも、接続履歴に利用者のIPアドレス[66]が記録される。運営会社には、ネット掲示板の2ちゃんねる、SNSのLINE、ブログのアメーバブログなどがある。

66　IPアドレス(Internet Protocol address)
インターネット上で機器を識別するための番号。

ネット書き込みの関係者

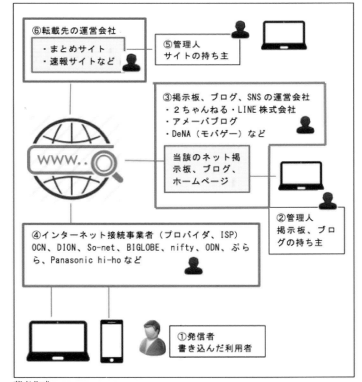

著者作成

④インターネット接続業者

発信者がインターネットを利用するために契約しているプロバイダー。ISP（インターネット・サービス・プロバイダ）と略されることもある。契約に基づいて接続サービスを提供しているため、発信者の氏名・住所などの顧客情報が保管されている。

具体的な接続業者には、OCN、DION、So-net、BIGLOBE、nifty、ODN、ぷらら、Panasonic hi-ho などがある。

⑤転載先のサイトを開設している管理人

転載された場合、転載先のまとめサイトや速報サイトを開設した者。転載先が1カ所とは限らない。転載先の数だけ存在する。

⑥転載先のインターネット接続業者

転載先の管理人がインターネットを利用するために契約しているプロバイダー。これも1カ所とは限らない。

直接的に書き込んだ発信者①、書き込んだ先の掲示板やブログを解説している管理人②、さらに掲示場やブログのサービスを提供している運営会社③、インターネット接続をサービスしている事業者④、という少なくとも4者が関係する。それぞれが悪質書き込みの責任を負うべき存在である。

そして、転載されている場合は、転載先のサイトを開設している管理人⑤、そのサイトのサービスを提供している運営会社⑥、も関係してくる。その上、転載する際に別のインターネット接続会社を使用していることも考えられる。さらに拡散していれば、転送先の関係者がネズミ算的に増えていく。

書き込んだ本人に直接的な責任があるとともに、場を提供している側にも責任があると考えられる。

人権侵害の書き込みを発見した場合、①〜④の順で対応を考えることになり、転載先に対しては、⑤⑥の順で対応する。

2.2 書き込みを削除する方法

ネット上の書き込みを削除する方法を解説する。結論を先にいうと、被害者が個人で悪質書き込みに立ち向かい、ネット上

から削除させることは簡単ではない。現時点での最善策は、ネット人権侵害の専門家を配置している相談窓口に相談して、アドバイスを受けながら対処することであるが、一般的な人権相談窓口では、適切な助言を受けられないと思った方がよい。なぜなら、対処にはインターネットの専門知識が必要だからである。

自治体が用意している人権相談窓口が、ネット人権侵害に対応しているかどうかがわからない場合には、**違法・有害情報相談センター**や、法務局の人権相談窓口に被害の申告をするとよい。法務局の相談窓口は巻末付録に掲載してあるので参照されたい。

警察もサイバー犯罪の一環として、ネット上での名誉毀損、信用毀損、脅迫について、相談窓口を開設している。ただ、単に悪口を書き込まれたという程度では警察も動きにくい。警察の捜査には、犯罪性や事件性が必要だからだ。

［1］発信者①に対する削除要請

発信者が判明している場合は、まず発信者に対して削除要請することを考える。ただし、2ちゃんねるのように発信者本人であっても、自分の投稿を削除ができない掲示板がある。その場合は、発信者本人に要請しても削除ができない。また、削除するためのパスワードを本人が忘れてしまっているために、発信者自身が削除できないケースもある。発信者が削除できないケースや発信者が不明なケースは、掲示板の管理人に削除を要請する。

■ 学校の場合

学内の児童生徒による書き込みであれば、人権教育の一環として指導しなければならない。書き込んだ本人に削除するよう指導する。そして、被害者に対して謝罪させる。被害者、加害者の双方の保護者に対して、学校から経緯や対処、再発防止のための措置を説明する必要がある。

もしも、他校の児童生徒による書き込みである場合は、当該の学校と連携して、書き込んだ児童生徒に対して同様の指導を行う。

---

67 違法・有害情報相談センター
http://www.ihaho.jp/
誹謗中傷、名誉毀損、人権問題などに関する書き込みの対応や、削除方法をアドバイスする。

■ 企業・団体の場合
　発信者が組織内部の人間であれば、削除するように指導する。従わなかったり、繰り返す場合は、規定に則って処罰することになる。もしも、組織外部の者による書き込みであった場合は、電子メールや書面（内容証明郵便）で削除を要請して記録に残す。しかし、連絡先まで判明しているというケースは稀であろう。そのような時に、連絡先がわからないからといって、掲示板上で削除を要請する投稿は考えものである。そうすると、火に油を注ぐ結果となり、逆上した反論でさらに被害が深刻化することがある。
　被害者が発信者自身に削除を要請して、事態が収拾するという理想的な展開は、あまり期待しない方がよい。

［2］掲示板、ブログの管理人②に対する削除要請

　当該のネット掲示板やブログの中に、管理人への連絡方法が記載されていることがある。削除依頼ページが用意されている場合もある。これらの手段を使って、管理人に削除を依頼する。
　ただし、管理人に削除を要請するにあたり、次の点を留意しておいた方がよい。

■ 管理の責任
　管理人もインターネットの一般利用者であることが多い。児童生徒、学生、つまり未成年者が管理人になっているケースもある。業務上の責任を負って、掲示板やブログを管理しているわけではないため、即座に対応してもらえるとは限らない。削除依頼が放置されることもあり得る。

■ 削除依頼の公開
　削除依頼の内容がネットに公開されることがある。従って、削除依頼の文面に個人情報の入力は避けなければならない。感情的な表現を使うと、逆に炎上を招いて被害が拡大する危険もある。客観的にかつ冷静に事実に基づいて書くべきである。

■ 削除は管理人次第
　削除の判断は管理人に委ねられている。要請しても必ず削除される保証はない。警察庁の調査によると、実績的な削除率は10％とされている。

緊急に対処すべき書き込みについては、管理人に削除を要請するまでもなく、［4］のプロバイダ責任制限法に基づく送信防止措置、または［6］で法務局の支援を受ける必要がある。また、リベンジポルノに該当する投稿であるなら、すぐに警察署に被害届を提出し、リベンジポルノ規制法に基づいた措置をとらなければならない。

［3］サービスの運営会社③に対する削除要請

サービス運営会社に対する削除依頼方法が、サイトの中に紹介されている。大抵は削除依頼フォームによる削除要請の手続きが説明されている。削除依頼に対しては、運営会社が対応することから放置されることはないものの、削除依頼が公開されることがある。また、削除率は低い。

［4］インターネット接続事業者④に対する削除要請

インターネット接続事業者に、プロバイダ責任制限法に基づく送信防止措置を求める。送信防止措置を依頼する書式「侵害情報の通知書兼送信防止措置依頼書（名誉毀損・プライバシー）」（巻末付録参照）が用意されている。送信防止措置とは、すなわち書き込みの削除ということである。書式はネット上に置かれているのでダウンロードするとよい。

この書式で送信防止措置を依頼すると、インターネット接続事業者は事実関係を調査し、確認ができたならば、発信者に送信防止措置を文書で照会する。7日を経過しても発信者から「同意しない」旨の申し出がない場合は、インターネット接続事業者の手で書き込みが削除される。

「同意しない」旨の申し出があった場合は、インターネット接続事業者が違法性を判断することになる。そのため必ず削除されるとは限らない。

なお、リベンジポルノに該当する投稿に対しては、「私事性的画像侵害情報の通知書兼送信防止措置依頼書」が用意されている。この書式で送信防止措置を依頼した場合、2日を経過しても発信者から「同意しない」旨の申し出がなければ書き込みが削除される。

[5]管理者の連絡先を知る方法

「ホームページやブログ、掲示板の運営責任者に削除を要請したい。でも、連絡先がわからない……」

そのような時に、サイトを管理しているプロバイダの名称、会社名、学校名を調べる方法がある。

株式会社日本レジストリサービス (JPRS)[68]が運営しているドメイン名登録情報検索サービスWHOISである。「WHOIS」にアクセスして、問題となっているサイトのurlの「http://www.」の後の部分を入力して検索すると、登録者や連絡先が表示される。

[68] 株式会社日本レジストリサービス
「.jp」で終わるドメイン名(JPドメイン名)の登録・管理をおこなっている会社。

ドメイン名登録情報検索サービス「WHOIS」

出典：WHOIS (http://whois.jprs.jp/)

［6］削除が難航したならば

　削除がなかなかうまく行かない場合は、法務省の人権擁護機関（全国の法務局・地方法務局）から、プロバイダ等に対して削除を要請してもらう。

　プロバイダ責任制限法が2002年に施行され、プロバイダは悪質書き込みの削除について、損害賠償を免責されることになった。そして、被害者がプロバイダに削除を要請するための様式も用意された。これにより悪質書き込みを削除するための法も、手続きも整備されたように見える。しかし、実際には書き込みの削除は容易ではない。

　なぜなら、プロバイダ責任制限法は、削除を義務付けたものではないからだ。削除要請を受けたプロバイダは、事実確認を行い、審査の後に、削除するか否かを決める。判断の主導権はプロバイダ側にある。削除が要請されたとしても、明らかな違法性がない限り、削除には至らないのが現状である。

　削除要請の様式を提出すれば、自動的に削除されるというわけではない。リベンジポルノでない限り、削除は往々にして難航する。被害者からの削除依頼にプロバイダが応じない場合には、「法務局がプロバイダに対して削除の要請を行う」という手続きが用意されている。まず、法務局に被害を申告するとよい。法務省は、被害者からの被害申告があれば、法務局がインターネット上の人権侵害について事実調査を行い、名誉毀損やプライバシー侵害に該当する場合は、**法務局から削除要請を行う**としている。[69]

> **被害者自らが削除を求めることが困難な場合は、法務省の人権擁護機関が削除を要請**
> 　被害者自らが削除を求めることが困難な場合は、法務省の人権擁護機関である全国の法務局およびその支局（以下「法務局」といいます）にご相談ください。
> 　法務局では、まず、プロバイダへの発信者情報の開示請求や人権侵害情報の削除依頼の方法について助言を行うなど、被害者自らが被害を回復・予防を図るための手助けをします。
> 　また、このような手助けをしても被害者自らが被害の回復・予防を図ることが困難な場合や被害者からの削除依頼にプロバイダが応

[69] **法務局か削除要請を行う**
2011年にインターネットを利用した人権侵犯事件は624件あり、その中で法務省の人権擁護機関がプロバイダなどに対して削除要請を行ったものは、62件である（出典：政府広報）。

じないなどの場合は、法務局が、プロバイダへの削除の要請を行います。法務局からの削除要請は、被害者からの被害申告を受けて、被害者が受けたインターネット上での人権侵害について法務局が調査を行い、名誉毀損やプライバシー侵害に該当する場合などに行います。（後略）

出典：政府広報オンライン

［7］削除の仮処分命令申し立て

　確実な削除を選択するのであれば、裁判所に削除の仮処分命令を申し立てよう。裁判所の仮処分決定を受けて、プロバイダや掲示板管理者に仮処分決定書を提示し、削除を要請するのである。この方法は、最も確実に削除できる一方、被害者個人が手続きをするのは非常に大変である。

　仮処分命令申立書には、債務者（掲示板の削除権限を持つ者、通常は管理運営主体）の氏名、名称、住所を記載する。管理運営主体が法人である場合は、登記事項証明書も取得する。もし外国法人である場合は、外国登記の登記事項証明書を取得することになる。

　債務者が削除によって被る不利益に比べて、債権者（書き込みによる被害者）が削除されずに被る損害が著しく大きいことを明らかにする。書き込みを放置すると、被害者は精神的な苦痛が増大すること、仮に削除しても管理運営主体には何らの不利益が生じないことを具体的に記載する。

仮処分命令申立書に添付するもの
- 掲示板のURL
- 投稿記事番号
- 投稿者
- 投稿日時
- 掲示板の画面の写し
- 削除ルール
- 掲示板のガイドライン
- 陳述書

　仮処分命令申立書の別紙として、掲示板のURL、投稿記事番号、投稿者、投稿日時などを整理してまとめた投稿記事目録を添付する。

　証拠として、掲示板の画面の写し、削除権限が債務者にあることを示す掲示板のガイドライン、放置されることによって重大な経済的・精神的損害を被るであろうことを示す資料や陳述

書も用意する。

　裁判所に仮処分命令申立書の手続きを行うことで、削除できる可能性が高くなる。しかし、サイトの調査やガイドラインに沿った削除申請の手続き、個々の書き込みについて、権利侵害の有無の検討や、仮処分命令申立の手続きも専門的である。従って、この手続きは、ネット人権侵害の専門家のアドバイスを受けながら進める必要がある。

　削除要請の手続きとしては、この仮処分決定の正本をPDF化して、有料サーバーにアップし、そのURLを削除依頼フォームに記載するという手続き方法が使われる。裁判所からの仮処分命令であるため、要請したらならば早期の削除が期待できる。

3　2ちゃんねる掲示板での削除

　人権侵害の投稿が最も多いのは、日本最大のネット掲示板2ちゃんねる[70]である。京都府が2013年度に実施した人権侵害、差別助長の書き込みの**実態調査**[71]では、1カ月に17万4,799件が検出され、掲示板での不適切投稿の85％が2ちゃんねるに集中していた。このような状況から書き込みのトラブルも2ちゃんねるが最も多いと想像できる。

　ここでは、2ちゃんねるの書き込み削除について解説する。

[1]誰が削除しているのか？

　2ちゃんねるでは、投稿された発言の削除権限を与えられた**削除人**[72]が管理人から任命されている。削除人はボランティアであり、削除屋とも呼ばれている。

　2ちゃんねるの「削除する人の心得」には、2ちゃんねるの管理人は西村博之氏であると明記されている。

> 削除する人の心得（抜粋）
>
> ●削除人には何の責任もありません。
> 2ちゃんねるの全責任は、管理人たる西村博之が負います。
> 出典：2ちゃんねる「いろいろな決まり」

70　**2ちゃんねる**
日本最大の電子掲示板サイト。開設者は西村博之(通称「ひろゆき」)。利用人口は1,170万人(2009年現在、ネットレイティング社)。

71　「インターネットによる人権侵害の実態調査結果について」平成26年3月19日、京都府府民生活部人権啓発推進室。

72　**削除人**
正確な人数は公表されていないものの、100人程度といわれている。誰が削除人なのかについては開示されていない。

削除人は、削除アカウントを持っており、削除依頼に対して、削除ガイドラインに沿って作業している。２ちゃんねるの意にそぐわない行動をする削除人は、予告なく一方的に削除権を剥奪される場合がある。

[2]削除の手続き

利用者は掲示板に用意されている削除依頼フォームで、削除を依頼する。郵送や電話やメールでの削除依頼は、一切受け付けていない。

２ちゃんねるの削除依頼フォーム

```
削除依頼フォーム
 削除の区分　：　○スレッド　○レス　お名前：[    ]　掲示板：[    ]
 削除対象URL：
  指定URLは必ず　[                    ]
  削除対象のみを
  お書きください。
 依頼の理由
 詳細・その他：[                    ]

  削除対象以外のURLには必ず括弧などをつけて区別してください。
  投稿前に入力内容を良くお確かめください。　[削除依頼をする]
```

出典：２ちゃんねる削除整理＠2ch掲示板

[3]削除の判断

２ちゃんねるには、削除ガイドラインが存在する。２ちゃんねるが定めた削除ガイドラインに沿って、削除人が削除するか否かを判断している。２ちゃんねるは基本的に、削除をできる

削除ガイドライン（抜粋）
- ●個人の取り扱い
  誹謗中傷の個人特定が目的である・文意により攻撃目的である等の場合は全て削除対象になります。
- ●法人・団体・公的機関の取り扱い
  法人・団体については、カテゴリによって扱いが違いますが、原則として放置であるとご理解ください。
- ●投稿目的による削除対象
  差別・蔑視の意図がある地域名、または苗字等の書き込みは、その真偽を問わず削除対象になります。

出典：２ちゃんねる「いろいろな決まり」

だけ「しない」方針とされている。

削除の基準は、削除ガイドラインで明文化されているものの、個々の事例にどのように適用すべきかは削除人の裁量に委ねられている。そのため、削除人の見解の差により、「削除されたりされなかったり」という違いが生じることがある。

注意すべきことは、法務省などの官公庁からの削除依頼や、被害者本人からの人権侵害などを理由とする削除依頼については、削除ガイドラインの中に該当する削除理由がないということである。

[4] 2ちゃんねるの削除率

警察庁のまとめ[73]によると、インターネット・ホットラインセンター[74]が、2ちゃんねるに削除要請した違法な書き込みのうち、実際に削除されたのは9.9%である。ちなみに、2ちゃんねる以外のサイトを含めた2013年の全体の削除率が96.4%であることから、2ちゃんねるの削除率は飛び抜けて低いといえる。削除をできるだけ「しない」方針であることが削除率の低さに表れている。

[5] 確実に削除する方法

2ちゃんねるは、2009年から裁判所からの削除仮処分命令があれば削除するという方針をとっている。2ちゃんねるの書き込みに対する最も確実な削除方法は、裁判所からの仮処分決定書を受けて、削除要請を行うという方法であろう。仮処分命令の手続きについては、P.120を参照されたい。

仮処分決定の判決が出たら、事件番号を削除依頼フォームに入力するか、仮処分決定書をサーバーにアップしてURLを削除依頼フォームに入力して、削除申請をするとよい。法的要件を満たした削除申請であった場合は、早ければ翌日には削除される。

[6] 削除依頼は公開される

2ちゃんねるへの削除依頼の内容は、原則として2ちゃんねる上に公開される。安易な削除依頼や、企業を代表しない者が

---

[73] 警察庁広報資料（平成26年4月24日）。

[74] **インターネット・ホットラインセンター**
違法・有害情報の発信に関する情報収集と対処を目的とする団体。警察庁からの業務委託により、財団法人インターネット協会が管理・運営を行っている。

勝手に企業の名を用いて削除要請する行為を抑止するためである。削除依頼はIPアドレスとともに公開される。
　削除依頼の文章は、他の利用者に読まれることを意識して作成しなければならない。余計なことや感情的な言葉を書くと、逆に炎上を招いて、かえって被害が拡大・深刻化するという危険もある。
　また、削除報告も同様に掲示板上で行われる。

[7] 依頼人の氏名を出さない削除要請

　削除依頼フォームの名前欄には、本名を書かなくても構わない。また、弁護士に依頼すれば、代理人である弁護士の名前で削除の手続きができる。
「削除仮処分命令の申立」の方法をとる場合は、本人が仮処分決定書を受けると、本人の氏名で削除依頼をすることになる。もしも、本人の氏名を出したくなければ、裁判所に削除仮処分命令を申し立てる段階から、弁護士に依頼する必要がある。

[8] 書き込んだ本人による削除

　書き込んだ本人であっても、自分自身の投稿を削除できない。２ちゃんねるでは自己責任とされる。
　たとえば、次のような書き込みトラブルは、ネット掲示板ではありがちなことである。
・カッとなって知り合いの誹謗中傷をしてしまった。
・うっかり知人の個人情報を書き込んでしまった。
・自分の個人情報を含む内容を書き込んでしまった。
　このような書き込みでも、投稿した本人は削除できないし、削除申請もできない。

[9] その他

　削除依頼において「通報しました」「裁判します」「警察に相談中」は禁句である。２ちゃんねるは、削除よりも証拠保全を優先して、削除の申請を凍結させてしまうからである。
　２ちゃんねるの削除ガイドラインにおいても、「削除依頼の注意」として、「証拠保全のため削除しない」と記述されている。

削除依頼の注意

● 重要事項
　２ｃｈとの訴訟／裁判／告訴を準備中または係争中の場合、または、犯罪に関することで警察など外部機関の確認が必要な場合、証拠保全のために管理人裁定以外の削除は行われませんのでご了承ください。

出典：２ちゃんねる「いろいろな決まり」

4 検索サイトの結果表示停止

　ネット掲示板やブログから問題の書き込みが削除されていても、**検索サイト**[75]で検索すると、２週間から４週間は検索結果として表示される。元の書き込みがなくなっていても、サーバーのキャッシュと呼ばれる高速の記憶装置に、データが残っているからである。ここに新しいデータが記録されると、古いデータは書き換えられる。新しいデータで書き換えられるまでの間は、しばらくキャッシュに残るのである。
　「検索結果に残っているのではないか」と、確かめようとして検索すると、再びキャッシュに書き込まれて記録されてしまう

[75] **検索サイト**
インターネット上の情報を検索する機能を持ったサイト。代表的なものにGoogleやYahooがある。

● 削除対象となる可能性のある情報
・国が発行する識別番号（米国の社会保障番号、アルゼンチンの個人納税者識別番号、ブラジルの納税者番号、韓国の住民登録番号、中国の身分証明カードなど）
・銀行口座番号　・クレジットカード番号　・署名の画像
● 一般に削除対象とならない情報
・生年月日　・住所　・電話番号

トラブルシューティングと削除のリクエスト（Googleからの情報の削除）

ウェブマスターに連絡する理由

Google側で問題のサイトや画像をGoogleの検索結果から削除したとしても、そのウェブページが消えることはありません。サイトのURLを入力すれば直接アクセスでき、ソーシャルメディアでの共有やGoogle以外の検索エンジンには表示されてしまいます。そのため、ウェブマスターに連絡して、問題のページを完全に削除してもらうことが最善の方法となります。

写真や情報がGoogleの検索結果に表示されるということは、その情報がインターネット上に存在することを意味しているだけであり、Googleがその情報を承認しているわけではありません。

該当するリンクをクリックしてください
○ Google検索に表示される情報を削除する
○ Google検索に情報が表示されないようにする

出典：ウェブ検索 ヘルプセンター
http://www.google.com/support/websearch/bin/stat

ので、1カ月ほど待つ必要がある。待てない場合は、Googleや YAHOO!に対して、結果表示されないように依頼を出すと、表示停止の措置がとられる。

■ **Googleの検索結果から削除する方法**

　Googleはリベンジポルノについては、削除請求があれば削除する方針を明らかにしている。

■ **YAHOO!の検索結果から削除する方法**

YAHOO! 検索 インフォセンター（特定のウェブページを検索結果から削除）

```
特定のウェブページを検索結果から削除
                                            更新日 2010年11月 9日

サイト管理者が特定のウェブページを検索結果から削除する方法は以下のとおりです。あなたがサイト管理者で
ない場合には、以下の対処をサイト管理者に依頼してください。

インターネットからウェブページを削除せず、検索結果に表示されないようにする

・ベーシック認証などを利用して、ウェブページの閲覧に認証が必要な状態にする。
・robots.txtを設置して、クローラーの巡回を拒否する。詳しくは「サイト単位、ディレクトリ単位での巡回の拒否
　設定」をご覧ください。
・ウェブページのメタタグでインデックスへの登録を拒否する。詳しくは「特定のウェブページの、インデックス
　への登録を拒否」をご覧ください。
```

出典：YAHOO! 検索 インフォセンター
http://info.search.yahoo.co.jp/

5 発信者の特定

［1］発信者情報の開示の難しさ

　発信者情報の開示を求めるには 原則として、裁判手続で行うことになる。プロバイダ責任制限法でも、発信者の開示を認めている。ただし、第4条1項により、
- 発信者情報の開示を請求する者の権利が侵害されたことが明らかであり、かつ、
- 発信者情報の開示請求をする者の損害賠償請求権の行使のために必要である場合、その他発信者情報の開示を受けるべき正当な理由がある場合に、

被害者による開示請求権が認められる。

しかも、第4条2項により、プロバイダは、被害者から開示請求を受けた場合には、開示するかどうかについて、発信者に意見を聞かなければならないことになっている。

総務省によるプロバイダ責任法逐条解説では、被害者の救済の必要性を認めながらも、「他方、発信者情報は、発信者のプライバシー、及び匿名表現の自由、場合によっては通信の秘密として保護されるべき情報であるから、正当な理由もないのに発信者の意思に反して情報の開示がなされることがあってはならない」としている。

また、注釈において、「プロバイダ等が任意に（発信者情報を）開示した場合、要件判断を誤った時には、通信の秘密侵害罪を構成する場合があるほか、発信者からの責任追及を受ける事にもなるので、裁判所の判断に基づく場合以外に開示を行うケースは例外的であろう」と明記している。

これらのことから、被害者が発信者情報の開示を求めるためには、裁判手続によることが原則となる。

［2］発信者を特定する手順

被害者個人が、匿名で書き込んだ発信者を特定することは非常に困難である。場合によっては、残念ながら、特定を断念しなければならないケースもある。

発信者の身元情報の開示の手続きは複雑であり、ネットの専門知識と、司法手続きの専門知識が不可欠である。他方、損害賠償責任を争う場合は、発信者の特定が必要である。本当に訴訟に踏み込むのかは慎重に検討すべきであろう。

■ 第1段階：IPアドレスの開示

サービスの運営会社に対し、次の要請をする。
・当該ネット掲示板の**アクセスログ**[76]の保存
・発信者からのアクセスログに含まれる情報
　（IPアドレス・タイムスタンプ）の開示

拒否された場合は、IPアドレス開示の仮処分命令を裁判所に申し立てる。裁判所から仮処分命令が出たら、サービスの運営会社にIPアドレス開示を求める。IPアドレスを得たならば、

---

[76] **アクセスログ**
接続記録、IPアドレス、アクセス日時などが記録されている。

そのIPアドレスを割り振っているインターネット接続業者がわかる。

■ 第2段階：発信者の身元情報の情報開示

インターネット接続業者に、「発信者の氏名・住所の情報開示」を求める。当該IPアドレスについて、発信者情報開示請求書を送ることになるが、ほとんどのケースで回答拒否となると思われる。拒否された場合は、被害者がインターネット接続業者を被告として、発信者情報開示訴訟を行う。この訴訟に勝って、初めて発信者の情報開示が実現する。

■ 第3段階：発信者の特定

発信者の身元情報が開示されたとしても、「発信元の端末」の契約者を特定できたにすぎない。「発信元の端末」がスマホや携帯電話である場合は、契約者自身が発信者である可能性は高い。しかしながら、契約者自身が操作していたことを立証しなければならない。

[3]発信者特定の壁

発信者を特定するまでには、まだまだ次のような壁が立ちふさがる。「発信元の端末」が、パソコンであった場合を考えてみよう。

- 必ずしも契約者が発信者であるとは限らない。
- 次のような不特定多数が利用する場所の端末だった場合は、逐一利用者を管理していない限り、発信者を特定することは困難である。
    - インターネットカフェ
    - 学校のパソコン教室
    - ホテルのロビー
    - 公共の場所など
- 海外のサーバーを経由していた場合は、プロバイダ責任制限法を含めた日本の司法手続きが及ばない。
- 発信者、管理人、管理会社、接続事業者が外国籍であった場合は、相手国の言語で削除を依頼し、交渉しなければならない。
- プロバイダにはログの保存義務がないため、司法手続きが

終了した時点では、プロバイダの手元に情報発信者に関するログが存在していない可能性がある。犯罪の国際化、及び組織化、並びに情報処理の高度化に対処するための刑法等の一部を改正する法律案により、通信履歴の保全要請の期間の上限は、90日となっている。

　以上のように、IPアドレスの開示請求から発信者を特定するまでの道程は、長く険しい。時間も手間も負荷もかかる。精神的な苦痛も伴う。しかも、そのような苦難を乗り越えた先で、その苦労が報われるという保証はなく、必ずしも発信者を特定できるとは限らないのである。

6 拡散した書き込みの削除

　話題性が高い書き込みほど拡散して、まとめサイト、速報サイト、ミラーサイト、コピーサイトに転載される。いったん拡散してしまうと、もう収拾がつかない。削除するためには、「2.2 書き込みを削除する方法」で解説した手続きを、一つひとつの掲示板に対して行うことになる。複数のサイトを相手にした一括削除の手続きはないのである。現行法では、複数のサイトの書き込みを一括して削除することができない。その手続きを踏んでいる間にも、書き込みが他のサイトに拡散する可能性もある。

　ネット社会においては、投稿、転載が簡単であることとは対照的に、削除は非常に困難なのである。

7 加害者になった時の対処

　万一、自分自身や家族、あるいは社内の従業員が人権を侵害する不適切投稿をしてしまったとする。損害賠償責任を求める民事訴訟は、「第5章 法的な手段」で解説した通り、被害者にとって、経済的にも精神的にも負担が大きいため、被害者がた

めらうケースが多いであろう。

　しかし、それでも刑事告訴の道は残っている。名誉毀損罪、侮辱罪は親告罪であるため、被害者が告訴しなければ、刑事裁判とはならない。誠意をもって謝罪し、「刑事告訴権の放棄」について合意できれば、告訴を免れることができるだろう。その際、示談では、削除に要する費用は自分が負担することも提案する。和解合意書、示談書を作成するとよい。

和解合意書に記載する内容（例）
- 事件の特定（インターネットURL、書き込み内容）。
- 加害者が謝罪し、被害者がこれを許す。
- 加害者は、被害者に賠償金を〇〇円支払う。
- 加害者と被害者は、今後協力して、インターネット記事の削除手続きを行う。
- 弁護士費用など必要経費は、全て加害者が負担する。
- 示談が成立したので、被害者は刑事告訴など刑事手続きはしない。
- 合意書に定める他、被害者と加害者の間には債権債務は一切存在しない。

第5章
法的な手段

1 | 報われない被害者

- 発信者の特定には困難が伴う上、必ずしも特定できる保証はない。
- 損害賠償を求める民事訴訟では、被害者側に立証責任がある。
- 裁判には時間、手間、精神的苦痛、費用がかかる。
- 損害賠償金が認められても、裁判費用の方が高い。
- 加害者に支払い能力がなければ、損害賠償金を得られない。
- 加害者に資産があったとしても、支払いの拒否が可能である。
- 差し止め、強制執行には、手続きと費用がかかる。

　結論を先に述べると、訴訟という法的な手段に訴えるのは、本当に最後の手段と考えたほうがよい。なぜかというと、第一に、書き込んだ者を特定するには、相当の労力と手間を覚悟しなければならないからだ。費用も必要である。そのような困難を乗り越えた先に、必ずしも書き込んだ者が特定できるとは限らない。努力が徒労に終わることもある。発信者を特定するための手続きや壁については、P.126を参照されたい。

　第二に、苦労の末に発信者を特定できたとしても、損害賠償を求める民事訴訟となった場合、人権侵害が行われたことの立証責任は被害者側にある。証拠を提出することも、証人を用意することも、被害者側の責任において行わなければならない。当然のことながら、加害者側には立証責任はない。

　第三に、弁護士を立てずに裁判をすることも可能であるものの、事実上、法律の専門家である弁護士の力は必要である。弁護士費用はタダではない。全国一律の料金表はない。全国弁護士会の調査によると、半数の弁護士が基本料金である着手金を30万円としている。そして裁判が結審したならば、さらに報酬金を支払う。

　それだけではない、証人を呼べば、仕事を休んで来てくれた証人に謝礼や交通費が必要となったり、鑑定が行われれば鑑定料がかかったり、資料の手配に料金がかかることもある。様々な諸経費が別途にかかるのである。

　第四に、仮に勝訴して、裁判所から損害賠償命令が下されたとする。しかし、相手が無職やフリーターで収入も資産もない

としたら、損害賠償金を回収できない。ないものは払えないのである。

また、支払えるだけの資産を持っているにもかかわらず、故意に払わないということも可能だ。なぜかというと、裁判所の支払い命令に強制力がないからである。相手が払わないと言えば、払ってはもらえない。

ここで、相手に支払い能力があるにもかかわらず、損害賠償金を支払わない場合は、「差し押さえて強制執行」という方法がある。しかし、強制執行には裁判所の手続きが必要である。その手続きのためには、相手方の資産や収入を明らかにする責任を被害者が負う。

そのためには銀行に対して、個人のプライバシー情報を開示させる必要があり、またまた弁護士の力を借りなければならず、費用が発生する。

このように「訴えてやる」というのは簡単であるが、訴えたところで被害者はどこまでいっても苦しめられるばかりで、最後まで救われないことさえある。人権を侵害されて苦しみ、訴えてからも苦悩が続く。そして、勝訴しても苦悩から開放されない。

法的な手段に訴えても、被害者にとって理不尽な状況に陥ることを考えたならば、ネット人権侵害に対しては、「訴える」ことよりも「謝罪・示談」が現実的な策であろう。

2 親告罪という壁

悪質書き込みの発信者が、同じ組織内の人間であったならば、組織の規定に従って指導や処分をすることになる。また、教育機関内での出来事であれば、関係した児童生徒に書き込み内容を削除させたり、被害者に謝罪させたりなどの教育上の指導が必要となる。

だが、発信者が組織外の者であった場合は、対外的な措置を検討することになる。警察に被害を申告するか否かは、事件性

や犯罪性で判断するとよい。ネット上での誹謗中傷は、建前上は名誉毀損罪や、侮辱罪などの犯罪行為となるものの、現実的には単に悪口を書き込まれたという程度では、警察が捜査し、容疑者を特定し、起訴するということは考えられないからだ。

10年間も誹謗中傷の書き込みに苦しめられた芸人スマイリーキクチさんの事件ですら、当初は警察に取り合ってもらえなかった。最終的に19人が書類送検されたものの、全員が不起訴になっている。また、大津いじめ自殺事件で人違いの誹謗中傷を受けた女性会長も、発覚直後に大津警察署や滋賀県警に相談に行っていたにもかかわらず、告訴状の提出までに3カ月を要している。

ネット上での人権侵害の事実が客観的に明白であっても、また被害を受けたことが周知の事実であっても、それだけでは検挙もできなければ、処罰もできない。それは、名誉毀損罪や侮辱罪が親告罪だからである。被害者が刑事告訴しなければならないのだ。人権侵害の被害を嘆いているだけでは、何も解決しないのである。

刑事告訴、または告訴とは、警察署、もしくは検察庁に出向いて、司法警察員、または検察官に対して、犯罪を申告し処罰を求める意思表示の手続きを行う行為である。

刑事告訴
- 文書でも口頭でも可能である。(刑事訴訟法241条1項)
- 被害者(もしくは親族等)が申告する。(刑事訴訟法230条)

ちなみに、親告罪に属する犯罪は、名誉毀損罪や侮辱罪の他にも、強制わいせつ罪、強姦罪、著作権法違反などがある。ネット上で著作権物のコピーが横行している背景には、著作権法違反の罪が親告罪であり、被害者が処罰を求める手続きに踏み切らない限り、発信者は実質的な不利益を被らないという現実があるからだ。

> 親告罪に該当する犯罪
> ● 事実が公になると被害者のプライバシーが侵害される恐れのある犯罪
>   ・強制わいせつ罪　・強姦罪（どちらも単独犯によるもの・準強姦罪含む）
>   ※ただし2人以上での集団強姦罪などについては非親告罪
>   ・未成年者略取 誘拐罪　・わいせつ目的 結婚目的略取 誘拐罪等
>   ・名誉毀損罪　・侮辱罪
>   ・公表罪、公表目的提供罪（リベンジポルノ防止法）
>   ・信書開封罪　・秘密漏示罪
>   ・ストーカー規制法違反
>   　（ただしストーカー行為についての犯罪のみ。禁止命令などの違反は告訴は不要）
> ● 被害が軽微な犯罪
>   ・過失傷害罪　・器物損壊罪
>   ・信書隠匿罪　・私用文書等毀棄罪
> ● 親族間のトラブル
>   ・親族間の詐欺罪　・親族間の横領罪　・不動産侵奪罪
>   ・親族間の窃盗罪　・恐喝罪等
> ● その他の行政的な理由等
>   ・著作権侵害による著作権法違反の罪（注）
>   ・各種税法違反の罪（告発）
>   （注）著作権侵害は、非親告罪化が検討されている。

3 被害者に対する法的な救済

[1] 刑事的責任と民事的責任

ネット人権侵害の被害者に対する、法的な救済を解説する。

> ● 名誉毀損の救済
> ● 侮辱の救済
> ● 信用毀損の救済
> ● 脅迫の救済
> ● プライバシー侵害の救済
> ● セクハラの救済

　人権侵害の被害者に対する法的な救済は2通りある。それは刑事上の救済と民事上の救済である。刑事上の救済とは、刑法や禁止法、条例の規定に基づいて加害者を処罰するということである。つまり、加害者に刑事的な責任を負わせるのである。
　刑罰には懲役や拘留、罰金、科料がある。刑事事件では、治

安を守ろうとする国が、社会の規範に反する行為を行った容疑者を裁くという関係にある。国と被疑者との関係であるため、懲罰として確定した罰金や科料は、国に納められて国庫に入る。被害者にはビタ一円とも渡されない。言ってみれば、被害者は蚊帳の外なのである。

それでは被害者が受けた精神的な傷害に対する償いがない。「お金の問題ではないにしろ、心の傷に対する慰謝料を被害者の私に払ってもらいたい！」というのが、民事上の救済である。つまり損害賠償を求める民事裁判を起こすことになる。

民法上の不法行為による損害については、民法第709条により損害賠償が認められている。また、民法第710条により、有形の財産だけでなく、財産以外の損害、つまり精神的な損害についても賠償を認めている。

損害賠償

民法
（不法行為による損害賠償）
第709条
故意、または過失によって他人の権利、または法律上保護される利益を侵害した者は、これによって生じた損害を賠償する責任を負う。
（財産以外の損害の賠償）
第710条
他人の身体、自由、もしくは名誉を侵害した場合、または他人の財産権を侵害した場合のいずれであるかを問わず、前条の規定により損害賠償の責任を負う者は、財産以外の損害に対しても、その賠償をしなければならない。

被害者は、刑事上の救済と民事上の救済の両方を選択することもできるし、片方だけを選択することもできる。ただし、プライバシー侵害とセクハラについては、刑事上の救済がないこ

人権侵害の法的な救済 [1]

No	対象	刑事上の救済	民事上の救済
1	名誉毀損	名誉毀損罪（刑法230条）3年以下の懲役、または50万円以下の罰金 時効あり：3年間	<慰謝料の請求> ・不法行為による損害賠償（民法709条） ・財産以外の損害の賠償（民法710条） <謝罪広告の請求> ・名誉毀損における原状回復（民法723条） 時効あり：3年間

人権侵害の法的な救済 [2]

No	対象	刑事上の救済	民事上の救済
2	侮辱	侮辱罪（刑法231条）拘留（1日以上30日未満）、または科料（1,000円以上1万円未満）に処する。 時効あり：1年間	<慰謝料の請求> ・不法行為による損害賠償（民法709条） ・財産以外の損害の賠償（民法710条） 時効あり：3年間
3	信用毀損	信用毀損罪（刑法233条）3年以下の懲役、または50万円以下の罰金 時効あり：3年間	
4	脅迫の救済	脅迫罪（刑法222条）2年以下の懲役、または30万円以下の罰金 時効あり：3年間	
5	プライバシー侵害	刑事的な救済はない。 ・刑法にプライバシー侵害罪はない。 ・プライバシー侵害禁止法もない。 従って、刑罰もない。逮捕も罰金もない。	
6	セクハラ	刑事上の救済はない。（注） ・刑法にセクハラ罪の規程はない。 ・セクハラ禁止法もない。 従って、刑罰もない。逮捕も罰金もない。	

（注）
・ストーカーについては、ストーカー規制法（2000年11月24日施行）がある。
・痴漢行為については、強制わいせつ罪（刑法第176条）がある。未遂も罰する（刑法第180条）。

とに注意すべきである。

[2]刑事的責任の時効と民事的責任の時効

　刑事的な責任には時効がある。刑事訴訟法により、名誉毀損、信用毀損、脅迫など5年未満の懲役刑が定められている罪につ

時効の期間
<刑事訴訟法　第250条>
時効は、次に掲げる期間を経過することによって完成する。
1. 死刑に当たる罪については25年
2. 無期の懲役、または禁錮に当たる罪については15年
3. 長期15年以上の懲役、または禁錮に当たる罪については10年
4. 長期15年未満の懲役、または禁錮に当たる罪については7年
5. 長期10年未満の懲役、または禁錮に当たる罪については5年
6. 長期5年未満の懲役、もしくは禁錮、または罰金に当たる罪については3年
7. 拘留、または科料に当たる罪については1年

いては、時効が3年である。また、侮辱のように、「拘留、または科料にあたる罪」の時効は1年である。

不法行為による損害賠償の請求にも時効がある。民法724条に損害賠償の請求権の消滅時効は、3年と定められている。

> **民法第724条【消滅時効】**
> 1. 不法行為による損害賠償の請求権は、被害者、またはその法定代理人が、損害の発生した事、及び誰が加害者であるかを知った時から3年間その権利を行使しないと、時効によって消滅する。
> 2. またこの請求権は、不法行為が行われた時から20年すぎた時も消滅する。

4 精神的被害に対する償い

ネット上で行われる人権侵害は、民法上の不法行為であり、損害賠償の請求が認められている。具体的な損害賠償の金額は、弁護士と相談することになる。金額の検討には、事案の重大性や影響範囲などが考慮されるだろう。

しかし、裁判は過去からの積み上げであるため、判例によって損害賠償額の相場が形成されている。過去の判例から大きく逸脱するような金額の支払い命令は出ない。

人権侵害の過去の相場や判例からいって、損害賠償額が裁判

損害賠償額の事例・相場

No	人権侵害	損害賠償額
1	名誉毀損	100万円
2	侮辱	30万円
3	プライバシー侵害	75万円
4	セクハラ(発言)	100万円以下
5	セクハラ(接触)	100万〜300万円

出典:佐藤佳弘「ネット上の人権侵害」公正採用選考人権啓発推進員研修会、ハローワーク府中、2012年11月22日

費用を上回るほどの金額になることはないと考えた方がよい。つまり、民事裁判では、「経済的な不利益を負ってまで訴える」という覚悟が必要なのである。

■ 名誉毀損の損害賠償の事例・相場

「実務上は、新聞、週刊誌等のマスコミによる名誉毀損の場合、だいたい慰謝料として 100 万円が認められるのが相場といった感覚があるように思われる」（升田純「名誉と信用の値段に関する一考察」NBL627 号 P.42 以下）と指摘されている。名誉毀損の損害賠償の金額は、せいぜい 100 万円と考えていた方がよさそうである。

> 名誉毀損訴訟：のぞき報道で名誉毀損、○○被告の訴え認める
>
> 　電車内で痴漢をしたとして東京都迷惑防止条例違反に問われていた元大学院教授、○○○○被告（47）＝ 1、2 審実刑判決、上告中＝が、週刊誌「フライデー」の記事で名誉を傷付けられたとして、発行元の講談社に 1100 万円の賠償などを求めた訴訟で、東京地裁（石井忠雄裁判長）は 28 日、110 万円の支払いを命じた。同誌は 04 年 4 月、「○○被告はのぞき行為の常習犯で厳重注意を受けた」と報じた。判決は「裏付けもないまま記事を作成した。真実と信じるに相当な理由は認められない」と判断した。（後略）
>
> 出典：毎日新聞 2008 年 7 月 29 日 東京朝刊

■ 侮辱の損害賠償の事例・相場

侮辱の損害賠償としては、300 万円の損害賠償を求めた訴訟で、30 万円の支払いを命じる判決が下された事例がある。

> 　料理店の客に「デブ」といわれて精神的苦痛を受けたとして、仙台市の 30 代の女性が同市の 60 代の男性に 300 万円の損害賠償を求めた訴訟の判決で、「女性を侮辱する言葉で許されない」と男性に 30 万円の支払いを命じる判決が下った。男性は 2006 年 6 月、女性が用意した料理に「甘すぎる」などと言い掛かりをつけ、その後「デブ」と繰り返し侮辱した。
>
> 出典：日刊アメーバニュース　2007 年 11 月 30 日

■ プライバシー侵害の損害賠償の事例・相場

「慰謝料の金額、平均で 75 万円 3000 円弱であるとの報告がある」（加藤雅信「名誉・プライバシー侵害の救済論」ジュリスト 1038 号）。プライバシー侵害による損害賠償の金額は、

75万円程度と考えた方がよさそうである。

　浮気調査のため、3日間ビデオカメラが設置され、原告の部屋に出入りする人物や、原告の容貌が無断で撮影され、プライバシー権が侵害されたとする事案について、京都地方裁判所は2006年1月24日、プライバシー侵害を認め、50万円の損害賠償の支払いを命じている（平成17(ワ)341）。

> **損害について**
> （前略）ヴィデオカメラの設置によって、原告の居室に出入りする人物や原告の容貌が無断で撮影され、原告のプライバシーが侵害されたことは明らかであるが、その期間は3日間であること、本件報告書の記載内容を前提にAが原告に対して訴訟を提起したこと、その訴訟において、原告は、Aに対し100万円を支払うことで和解したこと、その和解金の支払状況や現在、原告はBと同居していること等を総合考慮すると、原告に対する慰藉料の額としては、50万円が相当である。（後略）
>
> 出典：平成17(ワ)341　損害賠償請求事件　平成18年1月24日　京都地方裁判所　主文から

> **「朝ズバッ！」と和解**
> 　情報番組「みのもんたの朝ズバッ！」の生放送で、承諾なく顔を映された男性が、プライバシーを侵害されたとして、TBSなどに損害賠償を求めた訴訟は8日、控訴審の東京高裁（奥田隆文裁判長）で和解が成立した。和解内容は明らかにされていない。1審・東京地裁判決は4月、プライバシーと肖像権の侵害を認め、TBS側に120万円の支払いを命じていた。
>
> 出典：読売新聞2009年10月9日

■ セクハラ（発言）の損害賠償の事例・相場

　セクハラについての損害賠償額は、被害の程度によって金額の幅がある。だが、直接の行為に及んだものではなく、発言によるセクハラの場合、認められる損害賠償は高くてもせいぜい100万円と考えていた方がよい。

> **50万円の慰謝料　2005年7月8日　横浜地裁**
> 居酒屋で下ネタを聞かされ、その後3年近くにわたって執拗に不倫を迫られ、それによって退職を余儀なくされた。
>
> **77万円の慰謝料　東京セクハラ（N航空会社）事件　2003年8月26日　東京地裁**

社史編集プロジェクトリーダーであるYが、プロジェクト協力会社から派遣されてきたX女に対し、昼食時にセクハラ発言をしたり、出張に同行させ帰りの公園でキスなどをした。

出典：職場のセクハラ・パワハラ問題解決サポート」
http://www.takanashi-jimusho.com/doc1+index.id+6.htm

■ **セクハラ（接触）の損害賠償の事例・相場**

　直接の行為に及んだ場合の損害賠償額は、100万円を超える。大学教授と大学院生という、上下関係を悪用したセクハラで、750万円の支払いが命じられた事例もある。

宮城セクシュアル・ハラスメント事件
　被控訴人がα大学大学院国際文化研究科言語コミュニケーション論講座に在学中に、指導及び論文審査の担当教官であった控訴人から、性的な言動によって学習研究環境を害されて学問、研究を享受する利益を侵害されるとともに、性的関係を強要されるなどされて性的自由を奪われるなどの人格権の侵害を受けた上、（中略）よって、被控訴人の本訴請求は、控訴人に対し、慰謝料750万円と弁護士費用150万円及びこれらに対する遅延損害金の支払を求める限度で正当として認容すべきであり、（後略）

出典：平成11（ネ）278　宮城セクシュアル・ハラスメント事件　平成12年7月7日　仙台高等裁判所　主文から

5 裁判に関わる費用

［1］弁護士の費用

　刑事裁判は、国と被疑者との間で行われる。国の治安を乱した被疑者に、科すべき懲罰を決める裁判である。従って、被害者は、証言や陳情を許されることがあっても、基本的に刑事裁判の蚊帳の外である。裁判の行方を見守るしかない。その代わり、被害者は裁判費用の金銭的な負担を強いられることもない。
　一方、民事裁判については費用が発生する。被害者が加害者に損賠賠償を求める、民と民との間の裁判である。経済的な理由で民事裁判ができないということがあれば、法の下の平等に

法的な手段

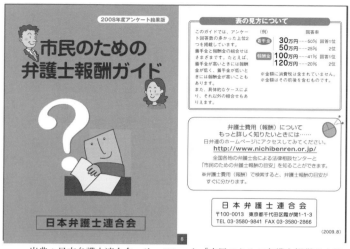

出典：日本弁護士連合会　リーフレット「市民のための弁護士報酬ガイド」[2008年アンケート結果版]

反する。そのため、裁判手続き自体の費用は高くない。裁判自体の費用は、印紙[77]や切手代程度で済む。ところが、現実的には、民事裁判には大きな費用がかかる。それは弁護士費用である。弁護士費用は2層構造になっている。まず、基本料金に相当する着手金があり、その上に出来高に相当する報酬金がある。

　これらの費用については全国一律ではない。そこで日本弁護士連合会が全国の弁護士を調査した。その結果、半数の弁護士が着手金に30万円を設定し、25％の弁護士が50万円を設定していた。また、報酬金については、認められた損害賠償金の何％という設定がされていることもあり、事案の大きさによって異なる。調査の結果では、41％の弁護士は報酬金に100万円、20％は120万円と答えている。

　また、裁判にかかる費用は弁護士料金だけではない。前述のように、証人を呼べば、仕事を休んで出廷する証人に、交通費や謝礼が必要になる。鑑定が行われれば鑑定料もかかる。資料入手のために手続き費用が必要になるし、調査費もかかるだろう。これらの諸経費も別途用意しなければならないため、ある弁護士曰く、「訴えるのならば、少なくとも100万円は用意してください」。

77　**印紙**
訴状に貼る収入印紙。100万円の請求で1万円、500万円の請求で3万円である。

［2］代償が大きい損害賠償請求

「訴えてやる！」というのは簡単だ。しかし、人権侵害の被害があったとして民事裁判を起こしても、現実的には金銭的なメリットはない。それでも納得できないとして、損害賠償を求めて訴訟したとする。そして、過去の判例や相場に相当する金額の支払い命令を得たとする。金銭的にはもちろん残らない。もしくは持ち出しとなる。それでも、「金額の問題ではない！私の心の傷に対して、いくらかでも慰謝料を払わせることに意義がある！」ということならば、意味があるのかもしれない。費用だけでなく、時間や手間もかかり、精神的な苦痛も大きいことも覚悟しなければならない。

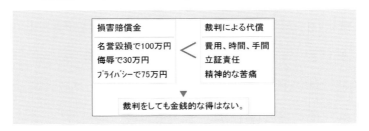

　金額に関係なく、慰謝料を払わせることで納得したいのであれば、損害賠償請求の民事裁判も、被害者救済の選択肢になるのかもしれない。費用や時間、手間、立証責任などの苦痛を覚悟したとする。しかし、被害者が覚悟しておかなければならないことは、他にもまだある。それは、仮に請求した損害賠償金が認められ、裁判所から支払い命令が出たとしても、まだ終わりではない。それは新たな戦いの始まりでもある。実際に支払いが実行される保証はないのだ。

　つまり、加害者が無職やフリーターなどで、支払い能力がなかったならば、損害賠償金は支払われない。ないものはないのである。借金してまで支払わせることはできない。訴えられた時には有職者だったとしても、加害者が裁判中に職を失い、無収入になっているという事態もあり得る。

　さらに理不尽なことに、加害者に十分な収入と資産がありながら、支払いを拒否した場合も回収できない。裁判所の支払い

命令には強制力がないからである。裁判所は損害賠償金額を決めることはしても、支払いの実行までは責任を負わない。加害者が故意に支払わなければ、被害者の苦痛は裁判後も続くことになるのである。

　支払いを拒否している代表的な事例が、2ちゃんねるの悪質書き込みを巡る民事裁判のその後である。2ちゃんねる側は、数多くの損害賠償請求で訴えられており、総額4億円を超える支払い命令を受けていると報じられている。

　しかし、「損害賠償金の不払いは法律に違反しない」として、支払いを放置するという姿勢でいる（管理人のひろゆき氏も「支払わないことは法律違反ではない」と公言している）。

　損害賠償の支払い命令を無視している者から、強制的に回収する方法がないわけではない。「差し押さえて強制執行」という手段がある。しかし、この方法にも大きな困難と苦痛が伴う。裁判所の手続きが必要なのである。その際に、相手側の収入や資産を被害者側が明らかにしなければならない。もちろん相手側には公開する義務がないため、被害者側が調査しなければならない。請求したところで金融機関が開示するわけもなく、個人での調査は不可能である。弁護士に依頼するほか道はなく、また費用が発生する。

　裁判をしても、裁判に勝っても、どこまでいっても被害者の苦痛は続くのである。このような状況を考慮すると、本当に訴えた方がよいのか考えものである。

　ネット人権侵害の対処としては、「早期発見」「早期削除」、そして「謝罪させる」「示談にする」ということが現実的であろうと考える。

　もしも、本当に法的な手段に訴えるのならば、これらの困難と苦痛を十分覚悟した上で、取り組まなければならないことを覚えておこう。

第6章
社会の取り組み

ネット人権侵害の基本的な対処は、早期発見と早期削除である。ネット社会には、被害者を救済するために、早期発見と早期削除の、社会的な仕組みを整備することが急務である。ここでは自治体、学校、警察、民間での早期発見と早期削除の取り組みを紹介する。

1 自治体の取り組み

　市民、住民を被害から守るため、いくつかの自治体がネット監視に取り組んでいる。これは早期に発見して、早期削除につなげようとする試みである。

　ネット監視で問題となるのは、誰が監視するのかである。自治体職員には、「自治体業務」という本来業務があるからだ。ここでは職員自ら監視をしている事例や、業者に委託している事例、ボランティアで対応している事例を紹介する。

自治体のネット監視例

● 岡山県岡山市	「有害」書き込み禁止条例
● 奈良県	インターネットステーション
● 兵庫県尼崎市	モニタリング制度

[1] 岡山県岡山市：「有害」書き込み禁止条例

　岡山県岡山市は、「岡山市電子掲示板に係る有害情報の記録行為禁止に関する条例」を2002年5月1日に施行した。これは岡山市が運営するネット掲示板での有害情報を、市の手で削除できるようにした条例である。こうした試みは全国初である。ちなみに、プロバイダ責任制限法も、同年5月に施行されている。

　当時の岡山市は、「みんなの掲示板」「マナビ掲示板」「まちづくりフォーラム」など、8つの掲示板を運営していた。条例は、これらのネット掲示板での有害情報の書き込みを禁止し、罰金を5万円以下としたものである。条例が施行されてから、毎年約100件が有害情報に該当すると認定され、市によって削除されている。

> **条例での有害情報の定義**
> - 個人のプライバシーを侵害する恐れがあると認められる情報。
> - 他人を誹謗、中傷すると認められる情報。
> - 他人に財産的不利益、または精神的苦痛を与えると認められる情報。
> - 不当な差別を助長する恐れがあると認められる情報。
> - 性的好奇心をそそると認められる情報。
> - 非行・犯罪をあおると認められる情報。
>
> 出典：条例第2条より

［2］奈良県：インターネットステーション

　ネット掲示板に限定して監視する岡山市の試みとは異なり、対象を一般の掲示板まで広げて監視する試みが、奈良県のインターネットステーションである。ネット掲示板への差別書き込みをチェックする目的で、2003年7月に設置された。奈良県内の各市町村から人を出し合い、延べ250人が担当している。5人1組が交代で週に2回、市町村会館に集まって、掲示板の差別書き込みをチェックするという方式である。

　奈良県では、差別書き込みの **75%**[78]が部落差別に関するものという背景がある。本来の自治体業務がありながら、週2回とはいえ、職場を離れてネットの書き込みを監視する作業は、大変なことであろうと想像できる。

78　奈良県市町村人権・同和問題啓発活動推進本部連絡協議会の調査による。

出典：県政だより奈良

［3］兵庫県尼崎市：モニタリング制度

　兵庫県尼崎市は、**JR尼崎駅等連続差別事件**[79]が発生した地域でもあり、差別による人権侵害に取り組んでいる。尼崎市では

79　JR尼崎駅等連続差別事件
JR尼崎駅を中心に、1997年から3年間で約100件の差別落書きがあった。

社会の取り組み

2010年6月から、ネット掲示板のモニタリングを開始し、悪質な書き込みの早期発見に努めている。

尼崎市はパソコン5台を用意し、市民も交えた数人でチームを組み、月・金曜の週2回、2時間ずつネット掲示板などを点検している。重大な人権侵害にあたる書き込みや、差別を助長する書き込みについては、市がプロバイダに削除を要請している。

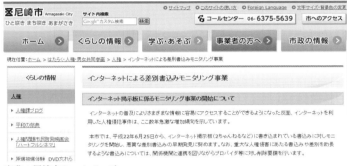

出典：尼崎市ホームページ

■[参考]フランス

フランスでは、書き込んだ個人を特定し、追跡するためのネット監視機関が創設された。その背景には、ネット上で行われる、「ユダヤ教徒に対する差別的な書き込みを取り締まる」という意図がある。

> **フランス：人種差別発言、取り締まり強化　ネット監視機関を創設**
> 【パリ宮川裕章】1月のシャルリーエブド紙襲撃事件などの影響で、フランスで イスラム系移民やユダヤ教徒への差別意識が高まっていることを受け、バルス仏首相は17日、人種差別的な発言やインターネット上の書き込みなどの取り締まりを強化する方針を明らかにした。総額1億ユーロ（約130億円）をかけ、新たなネット監視機関を創設するとともに、学校現場で移民やユダヤ人迫害の歴史関連施設の見学などを義務化する。
> 現在、差別的な発言や書き込みには、報道関連法の罰則があるが、適用例は限定されている。そこで刑法に禁止条項を設け、一般人の人種差別発言やネット書き込みを罰することができるようにする。また、ユダヤ系商店を狙った強盗など、他の犯罪に人種差別的な発

2 学校の取り組み

言などが加わった場合は刑を重くする。（後略）

毎日新聞社　東京朝刊 2015年04月19日 03:15:00

2.1 学校ネットパトロール

[1] ネット監視の必要性

　児童生徒をネットの被害から守るため、教育機関は**学校ネットパトロール**[80]という名称の**ネット監視**[81]に取り組んでいる。

　子どものネット利用には危険が多い。ネットいじめや悪口、陰口の被害にあうばかりでなく、自分の個人情報を不用意に掲載したり、飲酒喫煙などの悪ふざけ写真を投稿するというトラブルもある。児童生徒の問題行動の未然防止、早期発見・早期

> 80　学校ネットパトロール
> 学校非公式サイト、ブログ、プロフなどで、誹謗中傷の書き込み、ネットいじめ、個人情報の掲載などをチェックし、学校や関係機関に情報提供を行う取り組み。

> 81　ネット監視
> 文部科学省の調査によると、平成22年12月時点で約70％の都道府県・指定都市、約10％の市町村（指定都市を除く）が何らかの形で学校ネットパトロールを実施している。
> また、50％以上の都道府県・指定都市で、民間企業やNPOに委託して実施しており、約70％の市町村（指定都市を除く）で、教育委員会の職員が定期的に実施している。

学校ネットパトロールの流れ

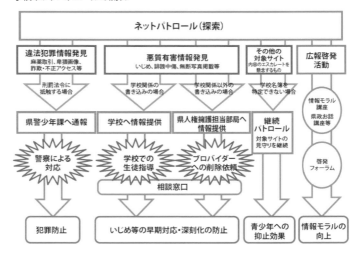

出典：「学校ネットパトロールに関する調査研究協力者会議　報告書　学校ネットパトロールに関する取組事例・資料集　教育委員会等向け」2012年3月、文部科学省

対応を図るためにも、教育現場でのネット監視は重要になっている。

文部科学省は学校ネットパトロールの必要性を、次のように説明している。

> 学校ネットパトロールには、積極的にインターネット上で、いじめ等のトラブルの早期発見に努めることにより、被害が拡大する前に児童生徒等への指導を行うことができる効果があります。また、教育委員会や学校が学校ネットパトロールを実施しているということ自体が、問題のある書き込み等に対する抑止力になるという効果があります。
>
> 出典:「学校ネットパトロールに関する調査研究協力者会議 報告書 学校ネットパトロールに関する取組事例・資料集 教育委員会等向け」2012年3月、文部科学省

[2] ネット監視の実施主体

学校ネットパトロールにおいても、誰が監視するのかが問題となる。教員には本来の学校業務がある。そのかたわら、ネッ

学校ネットパトロールの形態

- 民間企業に業務委託。
- NPOに業務委託。
- 教育委員会等で、学校ネットパトロール専従の人員を配置。
- ボランティア等の外部人材の活用。
- 教育委員会の職員が、学校ネットパトロールを実施。
- 学校の教職員が、学校ネットパトロールを実施。

ネットパトロールの取り組み [1]

No	ネット監視の方法	採用している自治体
1	民間企業	宮城県教育庁、埼玉県教育委員会、東京都教育委員会、三重県教育委員会、京都府教育委員会、京都市教育委員会、福岡県教育委員会、鹿児島県教育委員会
2	ネット専任アドバイザー（非常勤職員）	山口県教育委員会
3	ボランティア	青森県弘前市教育委員会、愛知県教育委員会

ネットパトロールの取り組み［2］

No	ネット監視の方法	採用している自治体
4	ネットパトロール専任の職員	群馬県伊勢崎市教育委員会
5	教育委員会職員	山形県新庄市教育委員会、宮城県教育委員会
6	教員	茨城県立A高等学校、横浜市教育委員会
7	ネット監視員	千葉県、富山県教育委員会
8	NPO法人	和歌山県
9	教育委員会の職員、学校の教員、学校支援者	山形県新庄市教育委員会、石川県教育委員会

出典:「学校ネットパトロールに関する調査研究協力者会議　報告書　学校ネットパトロールに関する取組事例・資料集　教育委員会等向け」2012年3月　文部科学省などをもとに筆者作成

トの書き込みを監視するのは大変なことである。学校ネットパトロールでは、「教員自ら監視するという方法」「教育委員会と協力して監視する方法」「ボランティアに依頼して監視する方法」「外部業者に委託して監視する方法」など、様々な方法が試されている。

民間委託によるネット監視

- 宮城県教育庁
- 埼玉県教育委員会
- 東京都教育委員会
- 三重県教育委員会
- 京都府教育委員会
- 京都市教育委員会
- 福岡県教育委員会
- 鹿児島県教育委員会

■ 三重県教育委員会の事例

【予算】民間委託分が約870万円、その他、教員研修会の実施、事案対応にともなう旅費、啓発資料作成を含めて約1,100万円(平成21年度予算)。

【県教育委員会側の担当者体制】
- 委託先民間企業との連絡調整担当者が2名（充指導主事）
- 警察との連携担当者が2名
- 市町教育委員会、学校との連携については、県内を5ブロックと県立学校に分け、各1～3名、計10名の指導主事が担当

社会の取り組み

・他に非常勤職員として 12 名の警察官 OB、教員 OB、県教育委員会に配置されたスクールソーシャルワーカー 3 名、スクールカウンセラー 2 名

出典：「学校ネットパトロールに関する調査研究協力者会議　報告書　学校ネットパトロールに関する取組事例・資料集　教育委員会等向け」2012年 3 月　文部科学省

■ 京都府教育委員会の事例

京都府は 2010 年 9 月から、学校裏サイトの監視を**民間業者**[82]にアウトソーシングしている。対象は 255 校（小学校 166 校、中学校 73 校、高等学校 9 校、総合支援学校 7 校）であり、監視の度に**不適切な書き込み**[83]が発見されている。サイト運営者等に削除を依頼する業務も、合わせて委託している。

事業がスタートした 2011 年度の予算措置は、700 万円である。業務委託ではあるものの、スタート時には自治体側で 8 人が事務を担当している。

【対象】府内の全公立小・中・高等学校・特別支援学校（京都市を除く）
【予算】平成 22 年度は予算 500 万円、平成 23 年度は予算 700 万円。
【委託元の体制】
　府教育委員会学校教育課・特別支援教育課・高校教育課の生徒指導担当指導主事、及び各教育局指導主事（5 名）の 8 名が事務を担当。

出典：「学校ネットパトロールに関する調査研究協力者会議　報告書　学校ネットパトロールに関する取組事例・資料集　教育委員会等向け」2012年 3 月　文部科学省

[82] **民間業者**
委託先はピットクルー株式会社。ネット風評監視サービスを主な業務としている。設立 2000年 1 月、資本金 3560万 円（2014年1月末現在）。

[83] **不適切な書き込み**
2015年 4 月には、中高校の裏サイトを中心に約 2 割に当たる49校で、不適切な書き込みが発見された。その 9 割は個人情報の書き込みである。

出典：京都市教育委員会ホームページ

■ 東京都の事例

2009年6月18日から、都内公立学校全校を対象に、学校非公式サイト等の監視を委託事業で開始した。

サイト上での誹謗中傷、いじめや犯罪につながる恐れのある有害情報などの不適切な書き込みについては、サイトの運営者等に対して削除を要請する。また、削除の履行確認や、新たな不適切な書き込みも、継続的に監視している。

都教育委員会は、受託者から毎月報告を受け、監視結果に基づき、定期的に都立学校・区市町村教育委員会等への情報提供や支援を行っている。

■ 宮城県教育庁の事例

監視業務を民間の専門業者に委託したり、専門従事者を雇用するなどして実施している。現場の教員がネット監視の時間をとることは困難であると同時に、裏サイトのパトロールには、検索のノウハウなど、専門性が不可欠なことも大きな理由になっている。裏サイトは、校名を使ったキーワード検索だけでは発見できないのだ。

ネット被害未然防止対策事業【宮城県】

（実施期間）平成24年度　　　（基金事業メニュー）強化モデル事業
（実施経費）4,515千円　　　（実施主体）宮城県教育庁高校教育課
（1）学校裏サイト監視事業（ネットパトロール）
　○業者委託により学校裏（非公式）サイトを365日24時間監視
　・検索監視サイト数（H25.3.31現在）　1,768,123件

出典：「地域における自殺対策取組事例集」内閣府自殺対策推進室　2013年5月

■ 埼玉県教育委員会の事例

埼玉県教育委員会では、インターネットによるいじめやトラブルから子どもたちを守るために、2009年5月から県内公立中・高・特別支援学校を対象に「ネット上の見守り活動（ネットパトロール）」を実施している（さいたま市は独自に実施）。埼玉県の取り組みの特徴は、財源確保を兼ねて、国の支援が受けられる雇用創出事業とリンクさせている点である。埼玉県は、「ネット上の見守り担当員」を3名雇用して学校非公式サイト

の監視活動を行ってきた。これは雇用創出基金を活用した事業である。

2013年度からは、業者にネットパトロールを委託している。

> **平成26年度ネットパトロール概要**
>
> 平成26年度（平成26年4月〜平成27年3月）の調査では、合計4,619件を検出しました。
>
> 問題のある書き込みなどがあったサイトとしてはサイト別では、Twitterが4,619件中4,533件と最も多く検出され、全体の約98％を占める結果となりました。
>
> 全体の書き込みの内訳としては、氏名や学校名などを書き込む「自身の個人情報を公開」に分類される書き込みが4,243件と最も多く、次に他人への「中傷表現・悪評」が165件を検出され、検出数全体の約92％を占める結果となっています。
>
> 出典：「サイト監視状況について（平成22年〜平成26年度）」埼玉県教育局県立学校部生徒指導課

ネット専任アドバイザーによるネット監視
●山口県教育委員会

■ 山口県教育委員会の事例

> 【対象】山口県内の小学校（公立317校・国立2校）、中学校（公立156校・国立2校・私立8校）、高等学校（公立57校・私立21校）、中等教育学校（1校）、特別支援学校（公立12校・国立1校）、計577校。
>
> 【ネットアドバイザー】山口県教育委員会において、ネットパトロール専任の非常勤職員を「ネットアドバイザー」として任用。
>
> 【ネットパトロールボランティア】山口県内教育機関と連携して「ネットパトロールボランティア」を委嘱。
>
> 【予算】ネットアドバイザーの報酬(17日×12カ月分)、及びネット安全教室開催旅費234万3,000円。
>
> 【委託元の体制】
> ・山口県教育庁学校安全・体育課児童生徒支援班の主査1名
> ・やまぐち総合教育支援センターの主査1名
> ・やまぐち総合教育支援センター情報教育班の主査1名、研究指導主事1名
>
> 出典：「学校ネットパトロールに関する調査研究協力者会議　報告書　学校ネットパトロールに関する取組事例・資料集　教育委員会等向け」2012年3月　文部科学省

ボランティアによるネット監視
● 青森県弘前市教育委員会
● 愛知県教育委員会

■ 青森県弘前市教育委員会の事例

ネット人権侵害の基本的な対処は、早期発見・早期削除であることから、早期発見のためのネット監視が各地の自治体、教育委員会、学校において検討されている。ところが、自治体職員には自治体の本来業務があり、学校の教職員には学校の本来業務があって時間をさけない。そのジレンマの解決として、ボランティアによるネット監視が活用されている。

> **携帯世代がネット監視**
>
> 「あ、これ『今の1年のやつ、うざい』って書いてる」
> 　パソコン画面を見ていた学生が近くの仲間に声をかけた。6月13日、青森県弘前市の弘前大学。学生たちは、「弘大ネットパトロール隊」のメンバーだ。いわゆる「学校裏サイト」などへの中小書き込みが社会問題化し、各地で教育委員会などがネット監視にあたる中、同市では全国でも珍しく大学生が監視に取り組んでいる。
> 　パトロール隊は2008年12月、同市教委の依頼を受け、ネットいじめを研究する学生を中心に発足した。メンバーは現在52人だ。学校裏サイトや個人のプロフ（サイト上の自己紹介ページ）を手分けして監視し、問題ある書き込みを青森県、弘前市、むつ市の教委に通報。ネット被害調査、携帯電話のリスクを教える出前授業なども手がけている。
>
> 出典：2010年7月23日 読売新聞

2011年12月時点での監視体制は、学生ボランティア48名と、自治体側の生活指導支援員（臨時職員）1名である。2011年度の予算措置は、携帯電話の借り上げ料の36万円である。これは非常に経済的なネット監視といえる。

大学側は地域貢献となり、自治体側は本来の業務に専念できるという、両者にメリットをもたらすネット監視モデルだ。大学と行政との連携事業として、有望な取り組みであるといえる。

■ 愛知県教育委員会の事例

愛知県教育委員会では、愛知県版「ネット見守り隊」養成講座を開催し、講座を修了したボランティアがネット見守り隊と

して、監視活動を行っている。

　2010年度は、講座を修了した17人が、5人程度のグループをつくり、11月から2月までに20回、県内の公立小中学生の書き込みについて監視活動を行った。その中で、削除要請したものは8件、削除すべきものに発展しそうな内容は90件であった。それらの情報は、対象の公立小中学校などに連絡し、児童生徒への指導に活用している。

出典：愛知県生涯学習推進センター　2011年5月25日

市教委がネットパトロール専任の職員を雇用してネット監視
●群馬県伊勢崎市教育委員会

■ 群馬県伊勢崎市教育委員会の事例

> 【対象】伊勢崎市内の公立小学校24校、中学校11校、特別支援学校1校、中等教育学校1校、計37校
> 【実施にかける人員】
> 　市教育委員会で雇用した4名が活動。
> 【予算】平成21年度から平成23年度まで、各年度とも当初予算として649万6,000円を措置。
> 【委託元の体制】伊勢崎市教育委員会学校教育課指導係の生徒指導担当指導主事1名と市教育研究所担当指導主事1名の計2名。

出典：「学校ネットパトロールに関する調査研究協力者会議　報告書　学校ネットパトロールに関する取組事例・資料集　教育委員会等向け」2012年3月　文部科学省

2 学校の取り組み

教育委員会職員によるネット監視
- 山形県新庄市教育委員会
- 宮城県教育委員会

■ 山形県新庄市教育委員会の事例

【対象】新庄市立全小・中学校（小学校9校、中学校5校）
【実施にかける人員】
① 教育委員会学校教育課　指導主事2名
② 各小・中学校の生徒指導主任・主事　計14名
③ 学校ICT支援員　6名
④ （要請に応じて）新庄警察署生活安全課の担当署員

【予算】監視に関する予算0円
生徒指導主任・主事会及び情報教育推進委員会での研修、講話
　※　講師謝礼（1万円×2回）

出典：「学校ネットパトロールに関する調査研究協力者会議　報告書　学校ネットパトロールに関する取組事例・資料集　教育委員会等向け」2012年3月　文部科学省

■ 宮城県教育委員会の事例

学校裏サイト監視強化　専従職員2人採用へ　宮城

　いじめや不登校などのトラブルを誘発するとされるネット上の学校裏サイトを監視するため、宮城県教委は国の緊急雇用創出事業で専従職員を採用し、5月1日からネットパトロール事業に乗り出す。県教委が有害ネット対策に担当職員を配置して取り組むのは、東北で初めて。

　県教委は国の事業を活用して576万円を予算化。非常勤職員2人を監視員として採用する。仙台市青葉区の県教育研修センターを拠点に、パソコンと携帯電話を使って、学校裏サイトを中心に自己紹介サイト（プロフ）も巡回し、書き込み実態を把握する。監視員の募集には、サイト情報などに詳しい30人から申し込みがあったという。4月末に採用者を決める。事業は来年3月末まで。

　監視対象は県立高のほか、仙台市を除く公立小中学校。いじめにつながるような悪質な書き込みや写真といった個人情報の流出を見つけた場合は、サイト管理者に削除を求める。県教委を通じて学校にも通報する。サイト監視は、県教委が本年度始めたネット被害未然防止対策事業の一環。県立高を対象に情報モラルを学ぶ講演会を

開くほか、インターネット利用状況調査も行う。(後略)
出典：河北新報 2009 年 4 月 28 日

教員がネット監視
● 茨城県立 A 高等学校
● 横浜市教育委員会

■ 茨城県立 A 高等学校の事例

【対象】
① 茨城県立 A 高等学校の全在校生
② 学校情報が記載されているサイト

【体制】
・校務分掌に位置付けられた生徒指導主事及び生徒指導部内のネット関係担当者 1 名
・校務分掌に位置付けられた情報部の部長及び情報部内のネット関係担当者 1 名

【予算】なし

出典：「学校ネットパトロールに関する調査研究協力者会議 報告書 学校ネットパトロールに関する取組事例・資料集 教育委員会等向け」2012 年 3 月　文部科学省

「できる人がやればいい」「手が空いている人がやればいい」「みんなで取り組もう」という体制をとる傾向が、学校現場では見受けられる。この体制は一見、民主的であるように見えるものの、結局、誰も責任を負わない無責任体制になる恐れがある。

教員が学校の仕事としてネット監視を行うのであれば、業務として明確に校務分掌で位置づけることは、重要なことである。

ネット監視員によるネット監視
● 千葉県
● 富山県教育委員会

■ 千葉県の事例

千葉県では、2011 年度から、「青少年ネット被害防止対策事業（ネットパトロール）」を実施している。

2014 年度は、Twitter などの SNS へのネットパトロールを強化した結果、2013 年度より 1,414 人多い、4,689 人の問題

のある書き込みを発見した。これらの書き込みの中で特に問題のあるものについては、学校等を通じて指導・削除等を行った。

ネット監視員2名を配置し、パソコンと携帯電話を使用して、県内の全ての中学校、高校、特別支援学校（計約630校）の生徒が行っているSNSなどについて、監視を行っている。

NPO法人によるネット監視
● 和歌山県

■ 和歌山県の事例

和歌山県では、青少年をネットいじめから守るため、県教育委員会や県警察本部と連携し、2009年6月9日にネットパトロール事業を開始した。行政・教育・警察が連携した和歌山県の全県的な取り組みは、全国でも初めての試みである。その背景には、インターネットに絡む青少年の犯罪被害やいじめなどが後を絶たないことや、小中学校や高等学校でのいじめの認知件数に占める「ネット上のいじめ等」の割合が増加していることがある。

ネットパトロール事業では、専門パトロール員が、学校裏サイトやブログ、プロフなどを探索し、見つかった有害情報を県青少年・男女共同参画課（事務局）で集中管理し、内容ごとに専門機関に連絡している。そして、見つかった有害情報の中で、学校に関係のあるものは、県教育委員会を通じてそれぞれの学校等に資料提供し、教職員による生徒指導に役立てている。また、プロバイダやサイト運営業者に削除を要請している。

見つかった有害情報が、刑罰法令に抵触する可能性があれば、県警察本部に連絡する。少年課やサイバー犯罪対策室では、捜査を行うとともに犯罪の防止に努めている。さらにこの事業では、有害情報の可能性のあるサイトを、携帯電話30台で継続的にパトロールし、サイトの動向を見守るとともに、学識経験者を交えた実行委員会を組織し、事業の成果を検証するとしている。

これらのほかに、「県政おはなし講座」や、「情報モラル講座」「啓発フォーラム」などを開き、青少年のネットモラルの向上を図るとともに保護者への啓発を行う計画である。

社会の取り組み

出典：和歌山県ホームページ

ネットいじめ対策にネットパトロール　和歌山県教委

（前略）県教委などによると、県内のNPO法人（特定非営利活動法人）に委託し、パトロール専門の職員を雇用。小中学校や高校の非公式掲示板「学校裏サイト」をはじめ、学校名が入った自己紹介サイト「プロフ」やブログなどを携帯電話で検索する。

把握したサイトは一覧表にまとめて県や県教委、各校に定期的に配布。中傷や違法な書き込みがあれば、プロバイダー（インターネット接続業者）やサイトの運営業者に削除を要請したり、県警に通報したりする。このほか、自殺予防のホットライン「いのちの電話」に加え、パトロール員がメールでの相談に応じる窓口を開設するという。（後略）

出典：産経新聞2009年4月22日

教育委員会の職員、学校の教員、学校支援者がネット監視
　　　　　●石川県教育委員会
　　　　　●山形県新庄市教育委員会

■ 石川県教育委員会の事例

県教委がネット監視チーム、石川が全国初の取り組み

（前略）県教委は、金沢市高尾町の県教育センターにパソコンと携帯を2台ずつ設置。教員8人が、県警のサイバー犯罪対策室と少年課、弁護士会、携帯電話会社の担当者4人と協力し、定期的にネットを巡回して監視する。得られた有害サイト情報やネット被害の情報は、学校に提供し、生徒や保護者への指導・啓発に活用する。ブログや

プロフのほか、「学校裏サイト」と呼ばれる非公式サイトや「出会い系サイト」も巡回対象とし、ネット接続業者への削除要請や警察への捜査依頼も行う。

　県教委によると、ネットパトロールを民間委託している自治体はあるが、県が独自に組織を作るのは全国初。県の新年度予算案には150万円を計上している。（後略）　配信元／読売新聞

出典：システムブレーン　2009年2月28日（配信元／読売新聞）

2.2 子どものスマホ使用の規制

[1]夜間の使用制限

　児童生徒のスマホ利用では、ネットいじめや個人情報のさらし、児童ポルノという人権侵害に関する問題だけでなく、依存による生活の乱れ、ワンクリック詐欺、出会い系犯罪などの被害にあう危険もあり、スマホ対策は教育上の大きな課題となっている。そこで各地の教育委員会は対策に乗り出している。対策の内容は、夜間の使用禁止が主流となっている。

自治体の子どもが使用するスマホの規制

No	地域	実施時期	対象	取り組み
1	愛知県刈谷市	2014年4月から	小中学校	午後9時以降の禁止
2	福岡県春日市	2014年7月から	中学生	午後10時以降の禁止
3	岡山県	2014年11月から	小中学生	午後9時以降の禁止
4	香川県	2015年4月から	小中学生	午後9時以降の禁止
5	石川県	2010年1月施行	小中学生	所持を規制
6	鳥取県米子市	2014年1月	小中学生	所持を禁止

■ 愛知県刈谷市の事例
[小中学生;午後9時以降の使用禁止]

> **スマホ、夜9時以降は親が保管　愛知・刈谷の全小中学校**
> 　スマートフォン（スマホ）や携帯電話のトラブルから子どもを守ろうと、愛知県刈谷市の小、中学校全21校が新年度から、午後9時以降はスマホなどを保護者が預かり、使わせないようにする試みを始める。現在、約半数の学校で取り組みを始めており、全校で足並みをそろえる。家庭でのルール作りに学校側が踏み込んだ形で、文部科学省も注目している。
>
> 出典；毎日新聞2014年3月24日09時17分

■ 福岡県春日市の事例
[中学生;午後10時以降の使用禁止]

> **中学生夜10時からスマホ禁止　福岡・春日市教委が宣言**
> 　福岡県春日市教委は、市内の中学生がスマートフォンや携帯電話を夜10時以降に利用することを今月から禁止すると宣言した。無料通話アプリLINE（ライン）などを使ったトラブルを回避するためで、PTAや学校と協力して宣言の実行に取り組む。
> 　宣言は「携帯・スマホは夜10時から朝6時まで使わない」「歩きスマホや自転車に乗りながらの使用は禁止」の2項目。家庭に対しては、「正しく、楽しく使うため家庭の協力が必要」として、「禁止期間中はリビングなど家族の目につきやすい場所で保管する」などを求めている。
>
> 出典：朝日新聞2014年7月5日12時41分

■ 岡山県の事例
[小中学生;午後9時以降の使用禁止]

> **岡山県教委が小中学生のスマホ規制へ**
> 　岡山県教育委員会は小中学生に対して、午後9時以降のスマートフォンの利用を制限するルールを11月から導入する方針を固めました。
> 　岡山県教委によりますと、新たなルールでは午後9時以降、小中学生のスマホを保護者に預けるとともに、学校でスマホの使い方について考える時間を設けるとしています。岡山県は全国学力テストで小中学校とも平均点を下回っていて、同時に行ったアンケートで

は、携帯・スマホを1日2時間以上触っているとする答えが30%を占めていました。このため家庭での学習時間を確保するとともに、通信アプリなどを使ったいじめなどを防ごうと新たなルール作りに踏み切りました。

出典：RSKニュース2014年10月24日19:10

■ 香川県の事例
[小中学生；午後9時以降の使用禁止]

> 小中生のスマホは夜9時まで…香川県教委
>
> 「スマホ利用は午後9時まで！」。香川県教委や各市町教委は4月から、小中学生と保護者に対し、スマートフォンの利用に関するルールづくりを求める取り組みを強化する。深夜まで使って学習に支障をきたしたり、トラブルに巻き込まれたりするケースがあるためだ。
>
> 13日の会合で「さぬきっ子の約束」として▽家の人と決めた使用ルールを守る▽自分も他の人も傷つけない使い方をする▽夜9時までには使用をやめる――の3点を共通ルールとして打ち出した。
>
> 出典：読売新聞2015年02月15日9時5分

■ 石川県の事例
[小中学生；所持を規制]

石川県は、特に小中学生には、防災、防犯、その他特別な目的の場合を除き、携帯電話を持たせないよう努めるようにとした「いしかわ子ども総合条例」改正（平成22年1月施行）を制定している。

> いしかわ子ども総合条例（平成十九年 石川県 条例第十八号）
>
> （携帯電話の利用制限等）
> 第三十条の二
> 3　保護者は、特に小学校、中学校、中等教育学校（前期課程に限る）及び特別支援学校（商学部及び中学部に限る）に在学する者には、防災、防犯その他特別な目的のためにする場合を除き、携帯電話端末等を持たせないよう努めるものとする。

■ 鳥取県米子市の事例
[小中学生；所持を禁止]

鳥取県米子市PTA連合会（市内35校）は、2014年1月に「小中学生にはケータイ・スマホ等を持たせません」という緊急アピールを発表し、所持自体を禁止した。

社会の取り組み

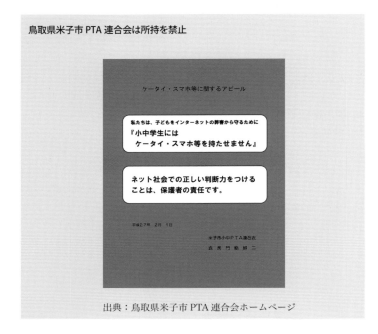

出典：鳥取県米子市 PTA 連合会ホームページ

[2]子どものスマホ対策

　教育委員会が打ち出す子どものスマホ対策は、夜間禁止が主流となっている。「子どもの使用を禁止する」ことは、解決策の選択肢として有り得るだろう。なぜなら、未成年者は喫煙、飲酒、運転、契約行為が制限されているからだ。つまり、契約行為が必要なスマホは子どもの持ち物ではないため、子どものスマホ利用を禁止するという説明は成り立つ。しかし、禁止は解決にはならない。

```
スマホ対策の手順
     1. 児童・保護者に対する啓発（利便性と危険性）。
     2. 自分たちで考えさせる。
     3. 全校・保護者に向けて発表する。
     4. 学校と家庭が連携して、決まり事を守る。
     5. キャンペーン（標語、ポスター、通信、チラシ）
     6. 毎年見直し、改善（年度スパイラル）
                      ▼
     禁止するとしたら、この次のステップ
```

禁止する前に教育としてやるべきことがある。

いじめ防止対策推進法の第19条で定められている通り、まずはインターネットを利用したいじめについて、児童と保護者に対して啓発をしなければならない。そして大切なことは、子どもたちにトラブルが多発しているスマホの現状を知らせて、自分たちで考えさせることである。そうすると必ず、子どもたちは使い方のルールを自分たちで作り始める。そのルールを学校と家庭が共有して、決まり事の実行を支援するのである。

プロセスを無視した頭ごなしの禁止は、教育的な解決とはいえない。児童生徒を正しい使い方に導くことが、教育機関に求められるスマホ対策であろう。

3 警察の取り組み

ネット上の悪質書き込みは、名誉毀損罪や侮辱罪、信用毀損罪、脅迫罪など刑法に抵触する犯罪行為となり、刑事事件に発展する恐れがある。そのため、ネットパトロールに取り組んでいる県警もある。地域をパトロールして犯罪の未然防止に努めることが警察の務めならば、ネット上をパトロールして犯罪を未然防止することもまた意味があろう。

ネット監視は、自治体や学校での取り組みと同様に、誰が監視するのかが問題となる。警察も住民の生命と財産を守るための本来の治安業務がある。ネット監視が重要であるとはいえ、本来の業務をおろそかにして、ネットばかりに時間を割くことはできない。そこで、県警は市民、学生、教職員などボランティアの力を活用するということで解決している。

県警によるネット監視
- 兵庫県警　　サイバーパトロールモニター
- 徳島県警　　ネットウオッチャー
- 愛知県警　　サイバーボランティア
- 岐阜県警　　サイバー防犯ボランティア
- 滋賀県警　　サイバーボランティア
- 沖縄県警　　サイバーパトロール・モニター

社会の取り組み

■ 兵庫県警の事例：民間人がネット監視

有害情報監視　モニター39人、県警で委嘱式　兵庫
　サイバーパトはおまかせ
　インターネットに精通する民間人にネット上の違法や有害な情報を監視してもらう「兵庫県警サイバーパトロールモニター」に県内在住の男女39人が選ばれ、22日に神戸市中央区の県警本部で委嘱式が開かれた。
　県警などが平成14年度から毎年度選出。県内在住、在勤の民間人が対象となる。任期は1年間で、児童ポルノや薬物など違法、有害情報を見つけた際、県警に通報してもらう仕組み。

出典：産経ニュース　2014年4月23日

■ 徳島県警の事例：大学生と教職員がネット監視

徳大生らネット監視、サイバー犯罪防止へ一役　県警が認定書
　全国的に増えているサイバー犯罪への対策を強化するため、徳島県警は28日、インターネット上の違法情報を監視するネットウオッチャーに徳島大学の学生と教職員計19人を認定した。2012年度から始めた取り組みで、ネットを利用する機会の多い大学生らにサイバー犯罪防止へ一役買ってもらう。（中略）
　ネットウオッチャーは、パソコン使用時に有害・違法情報を目にした場合「インターネット・ホットラインセンター」（東京）や県警に通報する。鳴門教育、徳島文理、四国の三大学にも協力を要請しており、13年度は計44人を認定する。

出典：徳島新聞　2013年5月29日

■ 愛知県警の事例：大学生がネット監視

学生がネット監視ボランティア　愛知県警に協力
　インターネット上の犯罪防止や子供の規範意識向上に一役買ってもらおうと、県警の委嘱を受けた大学生によるボランティア組織がこのほど、愛知県内で発足した。県内の大学生116人を「サイバーボランティア」に"任命"するユニークな試みで、ネット上の違法情報に目を光らせたり、小学生向けに先生役を務めたりする。若者の協力で、増え続けるサイバー犯罪に歯止めをかけるのが狙いだ。

出典：日本経済新聞　2012年1月24日

3　警察の取り組み

■ 岐阜県警の事例：大学生がネット監視

サイバー犯罪、朝日大生が監視　県警、ボランティア委嘱

　インターネットを悪用したサイバー犯罪の監視を強化するため、県警はネット上での違法・有害情報を通報する「県警サイバー防犯ボランティア」をネット世代の大学生11人に委嘱した。県内では初の取り組みという。委嘱されたのは、朝日大生（瑞穂市穂積）の防犯ボランティア団体「めぐる」のメンバー。学生たちはパソコン利用時に児童ポルノや著作権違反、ネット詐欺などの情報を把握した際、情報を全国の警察に提供している「インターネットホットラインセンター」（東京）や県警に通報する。

出典：岐阜新聞　2013年12月19日

■ 滋賀県警の事例：大学生と民間人がネット監視

【ネット】滋賀県警、サイバーパトロールを地元の大学生らに委嘱…個人中傷や児童ポルノ画像などの通報を依頼

　県警サイバー犯罪対策室は、安心安全なネット空間を実現するための対策に本腰を入れる。県内の大学生やインターネット技術に優れた人らを「サイバーボランティア」として委嘱。ネットに違法情報があった場合に速やかに県警に通報したり、児童生徒対象の被害防止教室を開いたりしてもらうなど「県民の目」と協働する形でサイバー犯罪の未然防止を図る。

出典：日本経済新聞　2012年1月24日

■ 沖縄県警の事例：民間人がネット監視

有害ＨＰを発見、通報/県警サイバーパトロール・モニター制度が発足

　近年増え続けているインターネットを利用したハイテク犯罪の検挙・未然防止を目的に、県警はインターネットに精通した民間人に有害なホームページなどを発見・通報してもらう「県警察サイバーパトロール・モニター」制度を制定。1日、10人にサイバーパトロール・モニター委嘱状を交付した。

出典：琉球新報　2002年5月2日

4 民間の取り組み

　ネットの利用者が被害にあわないように、自治体、学校、警察はネット監視に努めている。その一方で、サービスを提供している側の事業者は、自分たちが提供しているネット掲示板の健全性を、どのようにして維持しようとしているのか、日本国内で大きな掲示板を運営している、Mobage[84]、mixi[85]、GREE[86]の取り組みを紹介する。

　これら3社とも、利用者の書き込みをほぼリアルタイムにチェックしている。規約に違反する書き込みを掲載しないための対策である。

事業者の取組	
● Mobage	24時間365日で投稿を監視
● mixi	24時間365日で投稿を監視
● GREE	24時間365日で投稿を監視

[1] Mobage：DeNA

　Mobageは出会系として悪用されないように、個人情報の交換を許していない。もちろん、電話番号やメールアドレスの書き込みも、援助交際を誘う投稿も禁止している。

　運営会社のDeNAには、違反書き込みを2分以内に削除するという目標がある。それを実現するため、東京のカスタマサポートセンターと、新潟のカスタマサポートセンターを合わせて、総勢約400人のスタッフが、24時間365日でサイトを監視している。

　システムがNGワードをチェックし、グレー判定された投稿はスタッフに通知され、人間の目によってもチェックされる。

　ルール違反の投稿があると、自動的にパトロール要員に通知される。また、利用者が18歳未満の場合は、年齢が3歳以上離れている利用者とのメッセージ送受信ができないように、ブロックしている。システムでチェックできない動画や画像の投稿内容も、すべて目視でチェックしている。

84　**Mobage（モバゲー）**
株式会社DeNA（ディー・エヌ・エー）が運営する携帯電話向けのポータルサイト。2011年3月にモバゲータウンから名称を変更した。

85　**mixi（ミクシィ）**
株式会社ミクシィが運営するソーシャル・ネットワーキング・サービス（SNS）。2004年2月にサービス開始。

86　**GREE（グリー）**
グリー株式会社が運営するソーシャル・ネットワーキング・サービス（SNS）。2004年2月にサービス開始。

出典：金子哲宏「モバゲータウンの展開戦略と健全性維持の取組み」2010年9月13日、生活情報化研究会（日本生活学会）

[2] mixi

　mixiに書き込まれた規約違反の単語は、システムでピックアップされる。悪質書き込み対策として、200人規模のスタッフが、24時間365日体制でパトロールしている。規約の違反を繰り返す利用者は、退会処分となる。

mixi利用規約に違反するマナーやルールを守らない書き込み等への対処、ユーザーの皆様からのお問い合わせに対応するため、24時間365日、200名規模のサポートパトロール体制を構築しています。

出典：「ミクシィの概要および健全性維持向上への取組み」2011年6月21日 生活情報化研究会（日本生活学会）

［3］ GREE

　GREEでは、2006年11月から、24時間365日で稼働するパトロール体制を開始している。禁止用語を指定して、メッセージの内容を機械的に監視することで、不適切な単語が含まれるメールの送信を阻止している。

　投稿はGREEパトロールセンターで監視されている。日記、コミュニティ、フォト・動画、チャットの内容がパトロールの対象となっており、不適切な書き込みに対しては、削除、警告、利用停止などの措置が行われる。

　GREEは利用規約に、「必要な範囲でメールの内容を確認する」としていることから、メールのチェックについて事前に了解を得ているものとして、利用者が18歳未満の場合は、担当者が送信前に内容をチェックしている。また、18歳未満のユーザーと、18歳以上のユーザーとのメールの送受信も制限している。

GREEパトロールセンター

出典：GREEホームページ

第7章 安全・安心のネット社会へ

1 被害者救済の仕組み作り

1.1 早期発見のために

- ネット利用者にできること
- 教育機関にできること
- サービス事業者にできること
- 家庭にできること
- 自治体にできること
- 警察にできること

［1］ネット利用者にできること

■ **インターネット・ホットラインセンターへの通報**

　ネット上での悪質書き込みの監視は、様々な組織、団体で行われている。自治体によるネット監視、教育機関のネットパトロール、警察庁によるネット監視、ＮＰＯによるネット監視など、取り組みは多い。詳細は、「第6章 社会の取り組み」を参照されたい。

　ネット監視が実施されている一方で、かたや**ホームページの数**[87]は膨大であり、これらの取り組みだけではとてもカバーできるものではない。そのため、書き込まれた悪質書き込みは、発見が遅れて被害が拡大することもある。そこで日常的にネットを利用している一般利用者もネット監視に協力すれば、社会全体で監視するインターネットが実現するであろう。

　ネットを使用している時に、違法有害サイトに出会ったら通報をするのである。そのための、個人が利用できる通報窓口がネット上に用意されている。その窓口が、**インターネット・ホットラインセンター**[88]である。

　インターネット・ホットラインセンターは、寄せられた情報をもとに警察に通報したり、プロバイダや掲示板管理者に措置を依頼している。また、通報された URL 情報は、フィルタリング事業者に提供され、違法サイト・有害サイトのブロッキン

[87] **ホームページの数**
インターネット統計サイトである、インターネット・ライブ・スタッツ（Internet Live Stats）のリアルタイム統計で、2014年9月16日に世界のウェブサイト数が10億件を突破した。ウエブサイトは複数のホームページから構成されているため、ホームページ数はさらに何倍にもなる。

[88] **インターネット・ホットラインセンター**
警察庁からの委託により、財団法人インターネット協会が運営している。2006年6月に設置された。年間13万件の通報を受理している（2013年。http://www.internethotline.jp/）

1 被害者救済の仕組み作り

サイトに用意されているボタンをクリックすると、通報フォームが表示される。出典：インターネットホットラインセンター

グに活用されている。

　なお、インターネット・ホットラインセンターでは、名誉毀損、プライバシー侵害、詐欺、不正アクセスなど、個人の権利を侵害する情報は通報の対象外となっている。

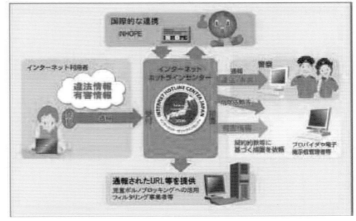

出典：平成24年版　警察白書

■ ネット検索（YAHOO!JAPAN、Google）で調べる

　自分の名前を検索ワードにして検索することも、早期発見につながる。ネット検索をすると、自分の名前が掲載されているホームページを発見できるはずだ。ただし、同姓同名の人が掲載されているホームページも検索結果として表示される。そこでヒットしたホームページの一つひとつにアクセスすれば、自分の名前がどのように掲載されているのかを確かめることができる。

　ネット社会では、誰かがあなたに代わってネットを監視することは期待できない。自分の身は自分で守らなければならない。ネット検索によって、自分自身で早期発見をするのである。

■ リアルタイム検索（YAHOO!JAPAN）で調べる

　Twitterに投稿されたツイート（つぶやき）や、facebookの投稿をYAHOO! JAPANのリアルタイム検索機能で知ることができる。

　検索できるのは、次の書き込みである。

　・facebookの投稿（「公開」に設定されているもの）

・Twitterのツイート（非公開に設定されていない日本語のツイート）

なお、Googleでは、Twitterとのツイートへのアクセス提供協定の期限が切れたため、2011年からリアルタイム検索機能が使えなくなっている。

■ **Google画像検索で調べる。**

Googleには、写真を使用して、ネット上の類似画像を検索する「**画像で検索**」**機能**[89]がある。この機能を利用して、「自分のプロフィール画像が無断流用されていないか」を確かめることができる。また、子どもが誤ってネットに掲載してしまった家族写真も、悪用されていないかを調べることができる。

ただし、「画像で検索」機能を使用する際には、写真画像をGoogleに送信することになる。Googleは、その画像をGoogleに保管し、サービス改善に使用するとしているものの、提供するにあたってはリスクも覚悟しなければならない。

89 http://images.google.com/

[2]教育機関にできること

■ **相談窓口の設置**

学校ネットパトロールを実施しても、ネット上でのトラブルは見つけにくい。ましてLINEいじめは、掲示板やブログ、Twitterとは異なり、当人のスマホでなければ確認できない。その上、児童生徒は、「話を大きくしたくない」「心配されたく

ない」という思いから、親や教師に被害を言いたがらない。このような背景から、子どもの世界でのネット人権侵害は発見が遅れる傾向にある。

　教育機関がなすべきことは、問題書き込みの早期発見よりも、被害者の早期発見である。そのためには、「相談窓口を設置すること」「児童生徒と保護者に周知すること」、そして、「まず、相談」の意識を作ることである。被害者の児童生徒を孤立させてはいけない。

　くどいようだが、早期発見・早期削除はネット人権侵害の基本の対処である。被害を早期に発見するために、相談窓口を担任、保健室、図書室、校長室など複数設置することが必要である。ただし、相談窓口を設置するだけでは効果が期待できない。パンフレット、ポスター、チラシなどで全児童・生徒と保護者に窓口の存在を周知しなくてはならない。

　そして「まず、相談」の意識作りと、相談しやすい雰囲気作りが大切である。クラス単位に、学年単位に、全校生徒に始業式などの機会をとらえて、「まず、相談」することを毎年繰り返し呼び掛けることが必要である。

■ 学校ネットパトロール

　ニュースの新規性を失ったことで、マスコミは学校裏サイトを取り上げなくなった。だが、被害がなくなったわけではない。むしろ、スマホ利用者やネット利用者の低年齢化を反映して、学校裏サイトは小学校にまで拡大している。

　児童生徒が行う不適切書き込みの4分の3は、安易な個人情報の書き込みである。児童生徒は自ら誤った発信をすることもある。児童生徒が被害にあうことを未然に防止するため、教育の一環としてネットを監視することも意味がある。

　ただし、現場の教員がネット監視するのは負担が大きい。教育委員会が地域単位に、ネット監視することが合理的であろう。

[3]サービス事業者にできること

■ 不適切書き込みのチェック

　利用者の書き込みについて、差別用語、軽蔑・侮辱用語のプログラムチェックを行い、不適切な用語が含まれていた場合は

発信者に警告を表示することは、場を提供している側の責任として行うべきことである。

ホームページ、ブログ、ネット掲示板、SNSなどインターネットによる各種サービスは、どれもサーバーと呼ばれるコンピュータが処理している。利用者が入力する文字はすべてコンピュータを介している。つまり、ネットに掲載する前に、不適切な用語をコンピュータが事前にチェックすることは可能なのである。

Mobage、mixi、GREEが実施しているような、不適切な用語のシステムチェックを他の事業者も導入することが望まれる。

[4]家庭にできること

■ サインのキャッチ(子どもの異変)

被害を受けた子どもが相談しやすい雰囲気にすることは、大切なことである。子どもの側に相談することを求めるばかりでなく、子どもが発するサインを大人の側が気が付くことも必要である。

具体的には、「学校に行き渋るようになる」「家庭での口数が減る」「自室に引きこもるようになる」「顔色が悪い」「食欲がない」などの異変がサインとなる。

いつもと異なる様子を察知するためには、いつもの様子を知らなくてはならない。だが、両親が共働きであったり、また母子家庭や、父子家庭で他に同居する大人がいなかったりすると、子どもと長い時間を過ごすことはままならないであろう。

そんな時には、「いつでも、どこでも」というネットの利便性は、「本来は私たちの生活を助けるために提供されている」ということを思い出してもらいたい。メールやSNSを家族間の連絡に活用すれば、顔を合わせることができない時間のコミュニケーションを助けるのである。

子どもの異変はこんなところに
- 食欲がなくなる
- 寝坊するようになる
- 学校に行きたがらない
- 笑顔がなくなる
- ため息をつく
- 口数が減る

[5]自治体にできること

■ ネット監視の転換

教育委員会が取り組む学校ネットパトロールの場合は、対象を域内の学校に絞ることで、ネット監視を可能にしている。定期的なネット監視は、児童生徒の被害や不適切な発信を早期に発見し、指導することに役立つという効果も期待できよう。

では、自治体が取り組むネット監視の場合はどうだろう。もしも、自治体が市民・住民の保護を目的としたネット監視をしようとすると、監視範囲の収拾がつかなくなる。地域内だけでなく、日本国中、さらに世界中にもホームページはあるのだ。

何とかしようとして、調査対象を2ちゃんねるだけに絞ったとしよう。そして仮に今日、自治体の予算をつぎ込んで、掲示板での全ての書き込みをチェックできたとする。しかし、明日から**新規に膨大な書き込み**が行われるのである。[90] 自治体の財源は潤沢ではない。もっと効果的に運用したいものである。

ネット監視は、治安維持を責務とする警察に委ねる方が得策と思われる。

自治体はネット監視をするとしても、「現状把握のデータを得るための実態調査」と位置付けるべきであろう。まともにネット監視に取り組んで、コストに見合った実効的な効果を上げようとすると隘路(あいろ)におちいる。**事務事業評価**[91]において説明責任を果たせる事業を意識しなくてはならない。

人権侵害の書き込みを発見しようとするのではなく、被害者を早く発見して、救済することに注力したい。

■ 相談窓口の設置

自治体が第一にやるべきことは、ネット上での悪質書き込みを探すことよりも、むしろ被害者を確実に救済する仕組みを整備することである。まず、被害を受けた人に対する相談窓口を設置するようにしたい。

ネット人権侵害の専門家を配置した相談窓口が必要なのだ。自治体内に設置できないのであれば、対応できる適切な機関に誘導する仕組みを整備すべきである。

ネット上での人権侵害は、仮想空間での出来事だけに、通常

90　2ちゃんねるには1日で266万件の投稿がある。

91　**事務事業評価**
自治体の業務を、点検・検証する仕組み。

の人権侵害よりも問題が複雑である。対処にはインターネットの専門知識も必要となる。単にマニュアルに従って、「削除依頼フォームを使って、削除請求しなさい」とか、「プロバイダ責任制限法に則って、送信防止措置依頼書を出しなさい」というアドバイスでは済まされない。

[6] 警察にできること
■ ネット社会のパトロール

現実社会では犯罪の未然防止のために、警察はパトロールを行っている。ネット社会でも犯罪があり、被害者も生まれている。治安維持が警察の責務であるならば、ネット社会でのパトロールも警察にとって意味のある活動である。

ただし、パトロールが重要な仕事であるものの、警察官はネット上の書き込みばかりを監視してもいられない。そこでネットの利用者から積極的に通報を受けるとともに、ボランティアを活用したネットパトロールが有効であろう。

1.2 早期削除のために

- ネット利用者にできること
- 教育機関にできること
- サービス事業者にできること
- 家庭にできること
- 自治体にできること

[1] ネット利用者にできること

個人のネット利用者がネット上の書き込みを削除したり、発信者を特定することは容易ではない。利用者個人が一人でネット上の書き込みの削除に立ち向かうのは、選択肢から捨てた方がよい。ネット人権侵害の専門家から助言を受けながら対処することを強く勧める。ネットで調べた程度の知識を鵜呑みにして対処するのは、非常に危険である。対処を誤ると事態がいっそう深刻化してしまうこともある。

確かにネット上に削除依頼フォームが用意されていたり、法

的にはプロバイダ責任制限法が施行されていたりで、削除のための環境が整っているかのように見える。しかし手続きがあっても削除の成功率が低い上に、うかつに削除を依頼すると、炎上やバッシングなどのトラブルを引き起こしてしまう恐れもある。

■ 違法・有害情報相談センターに相談する

インターネット上の違法・有害情報の相談を受け付け、アドバイスを行う相談窓口である。総務省支援事業で運営している。

名誉毀損、犯罪予告、発信者 情報開示、ネットいじめ等の問題を無料で相談できる。相談内容は、インターネット環境における違法・有害情報および安心・安全に関わる相談や疑問などで、具体的には、著作権侵害、誹謗中傷、名誉毀損、人権問題、自殺などに関する書き込みへの対応や削除方法、その他トラブルに関する対応方法などがある。

ここでは専門知識と経験を持つ相談員が助言を行っている。

■ 被害を申告して、助言を求める

相談の際に注意したいことは、単なる人権侵害の相談とネット人権侵害の相談とでは、対応する相談者に求められる知識が違うということである。

自治体が人権相談窓口を設置している場合は、ネット人権侵害に対応しているか否かを確かめてから相談したい。もしも、対応していなければ、適切な相談窓口を紹介してもらうとよい。

ネット人権侵害の代表的な相談窓口として、「人権擁護機関（法務局・地方法務局）」がある。

［2］教育機関にできること

■ 発信者が判明している場合

発信者が在校生であったならば、すぐに指導する。そして、忘れてならないことは、被害者に対するケアと保護者への十分な説明である。今回の経緯や対処はもちろんのこと、今後の再発防止への取り組みも説明しなければならない。

LINEでの書き込みの場合は、発信者が削除しても、受信者側のスマホにメッセージが残ったままになる。グループトークでの発言であるならば、グループ登録している者全員を呼び出

して、受信者側も削除させることになる。

　書き込んだ本人であっても削除できないこともある。2ちゃんねるでは、書き込んだ本人が自分の投稿を削除できない仕組みとなっている。

■ 発信者が不明の場合

　ネット上での書き込みが匿名で、発信者が在校生なのか、外部の人間なのかを特定できないケースもある。このようなネット人権侵害への対処には、専門知識が必要となる。教育委員会と連携すると共に、法務省の人権擁護機関に被害の申告をして、アドバイスを受けるとよい。

　ネット人権侵害の被害を、校内の教職員だけでなく、教育委員会とも情報共有する。そして、人権擁護機関（法務局・地方法務局）に被害を申告して、助言を求める。また、犯罪性（名誉毀損、脅迫、業務妨害など）があれば、警察署とも連携しなければならない。いじめ防止対策推進法により、学校は犯罪性を見極めて警察に通報することが義務付けられているからである。

[3]サービス事業者にできること

■ 利用規約の整備と運用の徹底

　プロバイダ責任制限法が施行された。削除依頼の様式も用意された。手続きや仕組みは整備された。しかし、現実的には人権侵害の書き込みの削除は、明らかな違法性がない限り、困難である。法的には損害賠償責任を免責することになっていても、サービス提供側は削除に慎重なのである。

　プロバイダ責任制限法に則らずとも、そもそも利用者と取り交わした利用規約がある。そこには、文章の表現が違えども、誹謗中傷、差別、犯罪助長、悪質書き込みの禁止と削除が謳われているはずである。

　場を提供していながらも、そこで行われる犯罪行為を容認してはいない。管理責任はないにしろ、公序良俗に反する行為を知ったならば排除する運営責任はある。

　利用規約をいま一度見直し、人権侵害に対応した条文を整備する。利用規約に従って、悪質書き込みを削除するという運用を徹底することが、ネットの浄化に向かわせるのである。

[4] 家庭にできること

■ 学校と連携

家庭人も一般のネット利用者であるため、書き込みの削除に対しては、基本的に「[1] ネット利用者にできること」と同じである。ただし、児童生徒が被害者である場合は、学校との連携も必要となる。

■ 被害を申告して、助言を求める

成人が被害者となっている場合は、連携先は学校ではなく、人権擁護機関（法務局・地方法務局）となる。被害を申告して、対処についての助言を受けるとよい。

[5] 自治体にできること

■ ネット人権侵害の専門家によるサポート

ネット人権侵害の専門家を配置した、「相談窓口」が必要である。市民住民からの相談を受けたときに、生半可な知識で削除方法を助言すると、被害が拡大する危険もある。対応はネット人権侵害の専門家に委ねるべきである。

通常の人権侵害の対処であれば、人権擁護委員でも可能かもしれない。しかし、ネット上で行われる人権侵害の対処は、一筋縄ではいかない。なぜかというと、ネット人権侵害では、「中傷書き込みをした者」と、「被害を受けた者」という2者だけの問題ではないからである。

ネット上は匿名社会であるため、書き込んだ人物を特定することすら困難を極める。削除のため、謝罪させるため、あるいは訴訟のために、加害者を特定するにもネット特有の知識が必要である。通常の人権侵害の対応だけでなく、ネット人権侵害の専門家でなければ対応できない。

■ 法務局、専門機関と連携

全国の自治体の相談窓口に、ネット人権侵害の専門家を配置する必要はないし、全国の人権擁護機関に、ネット人権侵害の専門家を配置する必要もない。電話もあり、インターネット経由のビデオ通話も可能である。法務局や専門機関と連携して対処するのである。

2 急務の法的整備

インターネットが社会や生活の中に普及し始めたのは、1995年のことである。この年の新語・流行語大賞トップテン

未解決の法的課題

No	分野	課題例
1	ネット監視	プロバイダ、サイト管理者、掲示板管理者に監視義務なし。
2	個人情報	・一般私人は個人情報保護法の対象外。 ・政治活動は個人情報保護法の対象外。 ・情報の窃盗に刑罰なし。
3	プライバシー	プライバシー侵害に刑罰なし。 （リベンジポルノには罰則あり。リベンジポルノ防止法）
4	盗聴	盗聴に刑罰なし（盗聴器を仕掛ける行為に違法性はない。ただし、通話を盗聴すると電気通信事業法第4条違反となる）。
5	違法書き込み	被害の申告がなければ刑罰なし。 （名誉毀損罪、侮辱罪、著作権法違反などは親告罪である）
6	児童買春	無料通話アプリでの児童と異性交際や性行為を求める書き込みは、処罰の対象外。 （出会い系サイト規制法）
7	ストーカー	・SNS（facebook、LINE、mixiなど）での執拗なメッセージは、ストーカー行為の対象外（ストーカー規制法）。 ・恋愛感情が伴っていなければ規制の対象外（ストーカー規制法）。（注）
8	人権侵害	流布、拡散した情報を削除する強制力なし。
9	児童ポルノ	・漫画、アニメは規制の対象外（児童ポルノ禁止法）。 ・児童ポルノの対象年齢の児童が婚姻できる。
10	ネットショッピング	クーリングオフの対象外。 （対象となるのは、訪問販売、電話勧誘販売など）

（注）
・ストーカー規制法改正（2013年10月施行）：執拗なメールを「つきまとい行為」に追加（2012年11月逗子市でのストーカー殺人事件をきっかけにメールが規制対象になった）
・千葉県は「公衆に著しく迷惑をかける暴力的不良行為等の防止に関する条例」（2013年10月）でSNSによるメッセージも規制の対象にした。
・神奈川県は「SNSでのしつこいメッセージ」「恋愛感情にかかわらず」を迷惑防止条例で禁止（2013年7月）。
出典：筆者作成

にインターネットという言葉が選ばれた。マスコミがこぞってインターネットの話題を取り上げ、猫も杓子もインターネットといわれた年である。

インターネットが社会に普及してからの歴史はまだ浅い。その間にも、ブログ、プロフ、動画投稿、ショッピング、オークション、SNS、スマホアプリなど、ネットを使った新しいサービスが毎年のように生まれている。新しいサービスが生まれると、新しいサービスを悪用した犯罪が生まれる。そして、多くの人が被害を受けて、社会問題になってから、初めて法整備が行われる。このように法整備はいつの世でも常に後手である。

ネット社会では、「法整備が社会問題の後を追う」という状況になっている。ネットに対応した法は、十分に整備されていない。まさに、今でもネット時代における法整備は過渡期にある。今後も法整備が社会問題に追いつく間もなく、ネットには新しいサービスが次々に加わり、犯罪が次々と生まれるであろう。利用者が安心して使えるネット社会になるのは、まだまだ先のことなのである。

3 教育・啓発の推進

[1] 最も危険なことは無知であること

ネット時代に対応した法が整備されるまでの間、私たちは隙間だらけの法や、穴だらけの法のもとでネットを使わざるを得ない。この状態はさしずめ、地雷がたくさん埋まっている危険地帯を、能天気にスキップしているようなものである。いつ自分が被害者になるのか、いつ加害者になってしまうのかわからない危険な状況にある。

ネット社会で最も危険なことは、「無知であること」である。どこに地雷が埋まっているのかを知っていれば、危険を避けることができる。その知識がないままに、インターネットを使用していて今日までに被害にあっていないとしたら、それは単に

運がよかったにすぎない。

　ネットのすべての利用者に、ネット社会についての正しい知識が必要なのである。

```
● 児童、生徒
    情報リテラシー教育：専門家によるネット安全教室
● 教員、保護者
    危険性と対処の知識：講習会、研修会、講演会
● 市民、高齢者
    リスク情報の提供：広報、イベント、講演会
● 社員、従業員
    情報モラルの向上：講習会、研修会、講演会
```

　児童生徒に対しては、教育機関が情報リテラシー教育を推進しなくてはならない。ネット社会に対応した人材を育成するために、交通安全教室と同様に、ネット安全教室を実施してもらいたいものである。学校では年度ごとに児童生徒が卒業し入学する。従って、1回限りの実施ではなく、年1回でよいので毎年度の継続した取り組みが求められる。

　児童生徒を教育・指導する立場にある教員・保護者には、ネット社会の危険性や、対処の知識が必要である。子どもたちの誤用・悪用を放置することのないよう、またネットの被害者にしないよう、正しい方向に導くための知識が必要である。

　教育・啓発が必要なのは、子どもや教育関係者だけではない。日常的にネットを使う市民、高齢者も同様である。ネット社会には、人権侵害のリスクだけでなく、詐欺、ウイルス、有害・違法情報など数多くのリスクがある。法が整備されるまでは、自分の身は自分で守らなければならない。誰もあなたの代わりにネット社会の巡回などしてくれない。ネットの一般利用者である市民、高齢者に対して、リスク情報と正しい使い方の知識を提供しなければならない。

　そして、社員、従業員は、業務上で多数の利用者や顧客の個人情報を扱う。人権侵害もさることながら、情報漏えいを防ぐための情報セキュリティの意識向上の取り組みも必要である。

[2]真の情報リテラシー教育

　小中校の学校にパソコン教室[92]が整備され、ICT[93]機器の操作

---

[92] **パソコン教室**
文部科学省の調査によると、全国の公立学校(小学校、中学校、高等学校、中等教育学校及び特別支援学校)において、児童生徒数6.5人に1台の割合で教育用コンピュータが設置されている。出典：「平成25年度学校における教育の情報化の実態等に関する調査結果(概要)(平成26年3月現在)」2014年9月、文部科学省

[93] **ICT (Information and Communication Technology)**
コンピュータやインターネットなどの情報通信技術。

についての教育が導入されている。子どもたちは、学校でパソコンを使った文書入力、電子メールの送受信、インターネットでの情報検索を学んでいる。情報機器を使いこなす学習は、もちろんネット社会を生きていくための、必須のスキルを学ぶためのものである。いまどきインターネットを使えなければ、仕事にならないし、生活も不便を強いられることになる。

身に付けさせたい情報活用能力など目標の例

小学校	中学校	高等学校
【基本的な操作】 ◆文字入力、電子メールの送受信、電子ファイル保存・整理やインターネットの閲覧等を身につける。 【情報手段の適切な活用】 ◆様々な方法で文字や画像などの情報を収集し、調査、比較することを身につける(文章の編集、図表の作成、調べたもののまとめ・発表 等)。	【情報手段の適切かつ主体的、積極的な活用】 ◆小学校で身につけた基礎的な操作に関する知識を深めるとともに、課題を解決するために、自ら効果的な情報手段を選んで必要な情報を収集する。 ◆様々な情報源から収集した情報を比較し、必要とする情報や信頼できる情報を選び取る。 ◆ICTを用いた情報の処理の工夫や、伝わりやすい表現等の情報を発信する技術を身につける。	【情報手段の適切かつ実践的、主体的な活用】 ◆小中学校段階の基礎の上に、自ら、直面する課題等を設定して、課題の解決に必要な情報を判断し、適切な情報手段を選択して情報を収集する。 ◆収集した情報の客観性・信頼性の考察や、考察の結果を踏まえて、様々な情報を結び付けて多面的な分析・整理を行い、新たな情報を発信する。 ◆相手や目的に応じて、情報の特性を捉えた効果的な表現方法を身につける。

出典:文部科学省「教育の情報化に関する手引」より抜粋

　　　　　子どもたちは、学校教育の中でその操作方法を学んでいるものの、正しい活用方法の習得の方はおぼつかない。そのことが、個人情報を安易にネット掲載したり、悪ふざけ写真をTwitterに投稿したり、差別書き込みをしたりという問題の要因となっている。
　つまり、操作はできても、利便性や危険性、正しい使い方、ネット利用のモラル、マナー、エチケットの知識が欠落しているのである。間違った使い方をすると、自分が思わぬことで加害者になる。人権侵害しかり、個人情報しかり、プライバシーしかり、著作権しかり、肖像権しかり、である。また、いじめや詐欺、コンピュータウイルス、乗っ取り、ストーカー、リベンジポルノなど、自分自身が被害者になる危険もある。

安全・安心のネット社会へ

操作能力とともに活用能力を習得させることが、情報教育の両輪である。この２つの能力を授ける教育が、真の情報リテラシー教育となる。

情報教育の両輪

- 操作能力
インターネット検索、SNS
Word、Excel、PowerPoint
等

- 活用能力
利便性と危険性、正しい使い方、マナー、モラル
エチケット等

[3] 新しい教育モデル

児童生徒に対する、ネットの正しい使い方の教育が遅れている背景には、教員側の対応遅れがある。子どもたちの方が先行してスマホでネットを使っている。次々と新しいアプリやサービスが生まれ、子どもたちは大人を置き去りにして、どんどんと先に使い始めている。スマホはどんどんと新しくなり、ネットの進化は止まらない。Twitterやfacebook、LINEでは止まらず、Instagram[94]、Vine[95]、Scene[96]、MixChannel[97]など、次々に新しいサービスを生み出している。日進月歩の技術変化に、教員も保護者もついて行けないのが現状である。

それもそのはず、教員には学校の本来業務がある。スマホやネットの、新しい機能やサービスの学習ばかりに時間を割くことができない。教員の仕事は、通常の授業だけではない。生徒指導、生活指導、進路指導、環境教育、防災・防犯教育、人権教育、部活指導、課外教育、学校行事、保護者対応、職員会議、授業研究など、学校の本来業務だけでも山ほどあるのだ。

中学教諭：日本の教員働き過ぎ　１週間53.9時間で最長
　　◇OECDの34カ国・地域の勤務状況調査
　経済協力開発機構（OECD）は25日、日本を含む34カ国・地域の中学校教諭の勤務状況に関する調査結果を公表した。１週間当たりの勤務時間は日本が53.9時間と最長で、授業以外に部活や事務作

94　Instagram（インスタグラム）
画像共有サービス。

95　Vine（ヴァイン）
ショートビデオクリップの共有サービス。クリップの最長時間は６秒。

96　Scene（シーン）
写真整理アプリ。2014年にはGoogle Playのベストアプリに選出された。

97　MixChannel（ミックスチャンネル）
10秒のショートムービーを作成するアプリ。投稿して公開できる。

業に長い時間を使っていた。

出典：毎日新聞2014年6月25日19時47分（最終更新06月26日00時36分）

　学校の本来業務だけで手いっぱいになっている教員に、ネットやスマホの技術変化に追従することを求めることは、現実的な解決にはならない。そこで、「外部の知識を活用する」という教育モデルが有効である。つまり専門家によるネット安全教室である。

　ネットは**ドッグイヤー**[98]と称されるほどのスピードで、革新を続けている。その知識を1（イチ）から学習するのではなく、専門家を連れてきて、話をさせて、その知識をそのままいただいてしまうのである。教員がすべての分野をカバーするのは現実的ではない。専門家を活用するという教育モデルの導入を検討すべきであろう。

98　ドッグイヤー
犬にとっての1年は人間の7年に相当するということから、技術革新は7倍のスピードで進んでいるというたとえ。

［4］やがて来るネット規制

　モラル、マナー、エチケットや意識向上という、教育・啓発の施策は、今日実施したからといって、すぐに明日から効果が出るというものではない。教育には時間がかかる。私たちの社会を見回せば、意識向上への働きかけが、いかに虚しい作業であるかがわかるだろう。

　喫煙マナーがこれほど言われているのに、未だに歩行喫煙がなくならない。飲酒マナーがこれほど言われているのに、未だに飲酒運転がなくならない。携帯マナーがこれほど言われているのに、未だに電車内での通話がなくならない。

　意識の向上は難しい。しかし、あきらめてはいけない。教育・啓発は、一日にして成らずである。地道に繰り返すことが、社会全体の意識の底上げに貢献するのである。

　もしも、このままネット人権侵害の被害者が出る現状を放置していると、誰もが自由に使えるインターネットにやがて規制が入ることになるかもしれない。それは脅かしではない。すで

実名制ネット		
●	韓国	2007年7月から義務化開始
●	中国	2012年12月に義務化決定

に隣国の韓国、中国では、匿名でネットを利用できなくなっている。

■ 韓国のインターネット実名登録制

韓国では、2007年7月から、匿名ではネット掲示板を利用できなくなった。韓国政府が掲示板などのサイト運営者に、**インターネット実名登録制**[99]を義務付けたのである。韓国の国民は全員が**住民登録番号**[100]を持っている。この住民登録番号を入力して、認証センターでの本人確認を受けなければ、ネット掲示板を利用できない。

この措置によって、ネット上での誹謗中傷事件の検挙率が、飛躍的に向上した。治安効果がはっきりと向上し、もう後戻りできなくなっている。

現行法は、利用者が1日20万人以上の35サイトの掲示板運営者に、利用者の本人確認を求めている。利用者は利用する際に、「氏名」と「住民登録番号」で、本人確認を受けなければならない。運営者が従わない場合は、最高3,000万ウォン（約400万円）の罰金が科される。

その一方で、問題も起きている。住民登録番号の大規模流出や盗用、各種犯罪への悪用の事件が発生しているのだ。2010年と2011年には、ハッキングによって3,500万人を超える会員の住民登録番号が流出した。

この状況から政府は、2015年までに、「インターネット上で住民登録番号による本人確認手続きを禁止する方針」を明らかにした。代替策として、**i-PIN**[101]による本人確認手続きサービスの導入を進めている。

■ 中国のインターネット実名登録制

中国でも2012年12月に、インターネットの実名登録制の義務化を決定した。言論統制の狙いもあり、インターネット管理を強めている。ネット利用者の個人情報の管理を審議していた全国人民代表大会（日本の国会に相当）常務委員会は、利用者の実名登録制の義務化を決定した。これにより接続サービスの契約時に、利用者の身元確認を義務づけたのである。情報発信サービスの提供でも身元確認を求めており、これから中国版ツイッターやネット掲示板などに匿名で意見を書き込むことが

99　インターネット実名登録制
2012年8月23日、韓国の憲法裁判所が実名登録制に違憲判決を下している。

100　住民登録番号
韓国で全ての国民に与えられる13桁の識別番号。

101　i-PIN (Internet Personal Identification Number)
住民登録番号に代わる個人番号として開発された番号。

> **中国版ツイッター「微博」に実名制、言論統制を強化**
>
> 　中国国家インターネット情報弁公室は13日、短文投稿サイト「微博（ウェイボ）」などに実名制を全面的に導入する方針を明らかにした。
>
> 　世論形成に影響力を持つ微博などのサイト管理を一層強化し、反政府的な言論への統制を強める狙いとみられる。
>
> 　中国では既に、北京や上海、天津などで微博の実名登録制を実施している。今回の方針は、実名制を全国的に広げる措置とみられる。
>
> 　同弁公室は、共産党や政府機関、メディアなどを装って虚偽の情報を発信したとして、50のサイトなどを閉鎖したと発表した。（共同）
>
> 出典：産経ニュース　2015年1月13日　22時20分更新

[5] このままでは、やがて日本も…

　日本でも国民全員が11桁の住民票コードを持っている。さらに、**マイナンバー**[102]制度が導入され、国民全員が**個人番号**[103]も持つことになった。個人に割り振られたこれらの固有の番号を入力して本人認証を受けなければ、ネットを利用できなくすることは、技術的には簡単なことなのである。

　日本でのインターネット利用は、資格審査もなく、誰でも自由に接続して、自由に閲覧し、自由に投稿できる。アダルトサイトは別として、ネット利用の際に、年齢を聞かれますか？職業を聞かれますか？　収入を聞かれますか……？

　インターネットは、誰でも自由に使える民主的なネットワークなのである。

　このままネット上での「人権侵害の被害の拡大」を放置しておくと、「被害者を守る」という大義名分で、本人確認制度を導入する状況にもなりかねない。

　インターネットを自由に使えるネットワークのままで残すのか、人権侵害の被害を拡大させて規制を導入する口実を与えるのかは、とりもなおさずネット利用者である私たち次第であろう。

102　**マイナンバー**
社会保障・税番号制度によって国民に振られる番号。個人番号ともいう。

103　**個人番号**
住民票を有する国民全員に与えられる12桁の番号。

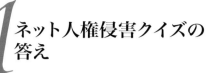
A ネット人権侵害クイズの答え

正解

1. ○ メールでの暴言は、名誉毀損罪や侮辱罪にならない。
2. ○ ネット書き込みの内容が真実であれば、信用毀損罪にはならない。
3. ○ 一般私人がネット掲示板に無断で個人情報を掲載しても刑罰はない。
4. ○ 刑法にプライバシー侵害罪はない。
5. ○ 学校裏サイトの数は、全国の中高学校数よりも多い。
6. × アドレスがわかれば、保護者や教員でもLINE上の悪口を確認できる。
7. ○ 17歳の高校生のヌードは児童ポルノである。
8. ○ メールにハートマークを使うとセクハラになることがある。
9. ○ 採用面接で愛読書を尋ねると人権侵害につながる。
10. ○ ヘイトスピーチは法で規制されていない。
11. × 学校におけるいじめ対策組織は職員会議である。
12. × 児童ポルノを個人的に所持しているだけならば刑罰はない。
13. ○ 盗聴器を仕掛ける行為は違法ではない。
14. × SNSでの執拗なメッセージは、ストーカー規制法で規制される。
15. ○ 漫画やアニメは、児童ポルノ禁止法による規制の対象外である。
16. × セクハラは違法行為である。(正しくは民法上の不法行為)
17. ○ 中傷書き込みを訴えた場合、損害賠償金よりも裁判費用の方が多くかかる。
18. ○ モバゲーを利用している時、カキコは監視されている。
19. ○ プロバイダ等には書き込みを常時監視する義務がない。
20. ○ 韓国ではネット掲示板を利用する度に本人確認が必要である。

付録

● 画面の保存方法

ホーム画面、ウェブページ、アプリの画面など、ディスプレイに表示されている画面は何でも保存できる。ネットでの人権侵害を受けた場合、証拠の保存に利用する。

［スマホのスクリーンショット］

Androidでのスクリーンショット

1．スマートフォンの「電源」ボタンと「音量（下）」ボタンを同時に押す。※
2．同時にボタンを押して、しばらく押したままにする。
3．カメラのシャッター音が鳴り、画面が撮影される。
※機種によっては、「電源ボタン＋ホームキー」の長押しの場合もある。

iPhoneでのスクリーンショット

1．ホームボタンと端末上部の「電源」ボタンを同時に押す。
2．カメラのシャッター音が鳴り、画面が撮影される。

［パソコンの画面キャプチャ］

1．キーボードの PrintScreen キーを押す。※
2．Windows アクセサリの「ペイント」を起動する。
3．「貼り付け」でキャプチャーした画面を貼り付ける。
4．「ファイル」→「名前を付けて保存」で保存する。
※機種によっては、「PrtSc」と表示されている。
・PrintScreen キーを押す。→画面全体がキャプチャーされる。
・Alt キーと同時に押す。→最前面のウインドウだけがキャプチャーされる。

［タブレット端末の画面キャプチャ］

1．「Windows マーク」ボタンと「音量（下）」ボタンを同時に押す。※
2．画面が一瞬暗くなり、画面が撮影される。
（シャッター音の場合もある）
※機種によっては、電源ボタンの長押しで表示されるメニューから、[スクリーンショット] を選択する。

● プロバイダ責任制限法に基づく削除要請の様式

侵害情報の通知書兼送信防止措置依頼書（名誉毀損・プライバシー）

> 書式①-1　侵害情報の通知書兼送信防止措置依頼書（名誉毀損・プライバシー）
>
> 　　　　　　　　　　　　　　　　　　　　　　　　年　月　日
>
> 至　［特定電気通信役務提供者の名称］御中
>
> 　　　　　　　　　　　　　　　　　　［権利を侵害されたと主張する者］
> 　　　　　　　　　　　　　　　　　　住所
> 　　　　　　　　　　　　　　　　　　氏名（記名）　　　　　　印
> 　　　　　　　　　　　　　　　　　　連絡先（電話番号）
> 　　　　　　　　　　　　　　　　　　　　　（e-mail アドレス）
>
> 　　　　　　侵害情報の通知書　兼　送信防止措置依頼書
>
> あなたが管理する特定電気通信設備に掲載されている下記の情報の流通により私の権利が侵害されたので、あなたに対し当該情報の送信を防止する措置を講じるよう依頼します。
>
> 　　　　　　　　　　　　記
>
> | 掲載されている場所 | URL：
その他情報の特定に必要な情報：(掲示板の名称、掲示板内の書き込み場所、日付、ファイル名等) |
> |---|---|
> | 掲載されている情報 | 例）私の実名、自宅の電話番号、及びメールアドレスを掲載した上で、「私と割りきったおつきあいをしませんか」という、あたかも私が不倫相手を募集しているかのように装った書き込みがされた。 |
> | 侵害情報等　侵害されたとする権利 | 例）プライバシーの侵害、名誉毀損 |
> | 　　　　　権利が侵害されたとする理由（被害の状況など） | 例）ネット上では、ハンドル名を用い、実名及び連絡先は非公開としているところ、私の意に反して公表され、交際の申込やいやがらせ、からかいの迷惑電話や迷惑メールを約○○件も受け、精神的苦痛を被った。 |
>
> 上記太枠内に記載された内容は、事実に相違なく、あなたから発信者にそのまま通知されることになることに同意いたします。
>
> | | 発信者へ氏名を開示して差し支えない場合は、左欄に○を記入してください。○印のない場合、氏名開示には同意していないものとします。 |
> |---|---|

出典：「プロバイダ責任制限法　名誉毀損・プライバシー関係ガイドライン」プロバイダ責任制限法ガイドライン等検討協議会　第3版2011年9月（補訂2014年12月）

● 日本が締結している人権関係の主な条約

No	名　称	締結年月日	概　要
1	婦人の参政権に関する条約 （婦人参政権条約）	1955年7月13日	男女同権の原則に基づいて、男女が参政権を平等に享有、行使することを定めた条約
2	人身売買及び他人の売春からの搾取の禁止に関する条約 （人身売買禁止条約）	1958年5月1日	売春と、売春を目的とする人身売買は、人としての尊厳と価値に反するものであり、個人、家族と社会の福祉を損なうものとして、禁止した条約
3	経済的社会的及び文化的権利に関する国際規約 （社会権規約／A規約）	1979年6月21日	労働の権利、社会保障の権利、教育と文化活動に関する権利など、いわゆる社会権を主として規定した規約

No	名称	締結年月日	概要
4	市民及び政治的権利に関する国際規約 （自由権規約／B規約）	1979年6月21日	「人は生まれながらにして自由である」という基本的考えの下で、個人の生活を公権力の干渉や妨害から保護するという観点に立った権利、つまり自由権を中心に規定した規約
5	難民の地位に関する条約 （難民条約）	1981年10月3日	難民の定義を定めるとともに、締結国に、難民を迫害の恐れがあるところに追放または送還しないこと、そして、自国に滞在する難民については、主として国内制度上の権利と保護を与えることを想定した条約
6	難民の地位に関する議定書	1982年1月1日	難民条約で定められた難民の範囲を拡大した議定書
7	女性に対するあらゆる形態の差別の撤廃に関する条約 （女性差別撤廃条約）	1985年6月25日	すべての人間は、生まれながらにして自由かつ平等であることから、女性も男性と同様に、個人として等しく尊重されるべきであるとした条約
8	児童の権利に関する条約 （子どもの権利条約）	1994年4月22日	子どもの生存、発達、保護、参加の権利を実現するための具体的事項を規定した、子どもの基本的人権を国際的に保障するための条約
9	あらゆる形態の人種差別の撤廃に関する国際条約 （人種差別撤廃条約）	1995年12月15日	人権と基本的自由の、十分かつ平等な享有を確保するため、あらゆる形態の人種差別を撤廃する政策と、あらゆる人種間の理解を促進する政策を、すべての適当な方法により遅滞なくとることを内容とした条約
10	拷問及び他の残忍な、非人道的なまたは品位を傷付ける取り扱い、または刑罰に関する条約 （拷問等禁止条約）	1999年6月29日	拷問防止のための法的義務を課して、拷問を実効的に防止することや、拷問禁止に関する委員会を設けて、国際的に監視すること等を内容とした条約
11	武力紛争における児童の関与に関する児童の権利に関する条約の選択議定書	2004年8月2日	多くの地域での武力紛争により子どもが兵士にされたり、暴力を受けたりしていることから、子どもの権利の実現を更に強化するために定められた条約
12	児童売春、児童買春及び児童ポルノに関する児童の権利に関する条約の選択議定書	2005年1月24日	子どもの人身売買や、児童買春、児童ポルノなどの行為を犯罪と定め、取締りの国際協力などを定めた議定書
13	強制失踪からのすべての者の保護に関する国際条約 （強制失踪条約）	2009年7月23日	国家による不法な拘束を、「強制失踪犯罪」として処罰するための、国際協力や再発の防止について定めた条約
14	障害者の権利に関する条約 障害者の権利に関する選択議定書	2014年1月14日	障害者の人権や基本的自由の享有を確保し、障害者の固有の尊厳の尊重を促進するための措置を規定した議定書

出典：東京都作成資料をもとに作成

● 人権に関する主な法律

施行	名称
1947年	日本国憲法
1969年	同和対策事業特別措置法（〜1982年）
1970年	心身障害者対策基本法
1972年	勤労婦人福祉法
1981年	犯罪被害者等給付金支給法
1982年	地域改善対策特別措置法（〜1987年）
1986年	雇用の分野における男女の均等な機会及び待遇の確保等に関する法律
1987年	地域改善対策特定事業に係る国の財政上の特別措置に関する法律（〜2002年）
1989年	後天性免疫不全症候群の予防に関する法律（エイズ予防法）（1999年廃止）
1993年	障害者基本法（心身障害者対策基本法改正）
1994年	高齢者、身体障害者が円滑に利用できる特定建築物の建築の促進に関する法律（ハートビル法）
1996年	らい予防法の廃止に関する法律
1997年	アイヌ文化の振興並びにアイヌの伝統等に関する知識の普及及び啓発に関する法律（アイヌ文化振興法） 人権擁護施策推進法（〜2002年）
1999年	男女共同参画社会基本法 児童買春、児童ポルノに係る行為等の処罰及び児童の保護等に関する法律（児童買春・児童ポルノ禁止法） 感染症の予防及び感染症の患者に対する医療に関する法律（感染症法）
2000年	児童虐待の防止等に関する法律（児童虐待防止法） ストーカー行為等の規制等に関する法律（ストーカー規制法） 刑事訴訟法及び検察審査会の一部を改正する法律 犯罪被害者等の保護を図るための刑事手続に付随する措置に関する法律（犯罪被害者保護法） 人権教育及び人権啓発の推進に関する法律 介護保険法
2001年	配偶者からの暴力の防止及び被害者の保護に関する法律（配偶者暴力防止法）2014年変更 ハンセン病療養所入所者等に対する補償金の支給等に関する法律 犯罪被害者等給付金の支給等に関する法律（犯罪被害者等給付金支給法改正）
2002年	ホームレスの自立の支援等に関する特別措置法 特定電気通信役務提供者の損害賠償責任の制限及び発信者情報の開示に関する法律（プロバイダー責任制限法） 身体障害者補助犬法
2003年	北朝鮮当局によって拉致された被害者等の支援に関する法律（拉致被害者支援法） インターネット異性紹介事業を利用して児童を誘引する行為の規制等に関する法律（出会い系サイト規制法）

施行	名　称
2004年	性同一性障害者の性別の取扱いの特例に関する法律（性同一性障害者性別特例法）
2005年	犯罪被害者等基本法 発達障害者支援法 個人情報の保護に関する法律（個人情報保護法）
2006年	高齢者虐待の防止、高齢者の養護者に対する支援等に関する法律（高齢者虐待防止法） 自殺対策基本法 拉致問題その他北朝鮮当局による人権侵害問題への対処に関する法律 高齢者、障害者等の移動等の円滑化の促進に関する法律（バリアフリー新法） 障害者自立支援法
2007年	探偵業の業務の適正化に関する法律（探偵業適正化法） 雇用の分野における男女の均等な機会及び待遇の確保等に関する法律改正（男女雇用機会均等法改正）
2008年	更生保護法 犯罪被害者等の権利利益の保護を図るための刑事訴訟法等の一部を改正する法律 犯罪被害者等の権利利益の保護を図るための刑事手続に付随する措置に関する法律及び総合法律支援法の一部を改正する法律 犯罪被害者等給付金の支給等による犯罪被害者等の支援に関する法律（犯罪被害者等給付金の支給等に関する法律改正）
2009年	ハンセン病問題の解決の促進に関する法律（ハンセン病問題基本法） 青少年が安全に安心してインターネットを利用できる環境の整備等に関する法律（青少年インターネット環境整備法）
2011年	障害者基本法の一部を改正する法律
2012年	障害者の虐待防止、障害者の養護者に対する支援等に関する法律（障害者虐待防止法） 入出国管理及び難民認定法及び日本国との平和条約に基づき日本の国籍を離脱した者等の入出国管理に関する特例法の一部を改正する等の法律 住民基本台帳法の一部を改正する法律
2013年	障害者の日常生活及び社会生活を総合的に支援するための法律（障害者総合支援法）（障害者自立支援法改正） 障害を理由とする差別の解消の推進に関する法律（障害者差別解消法） いじめ防止対策推進法（いじめ防止法） 高年齢者雇用安定法改正 成年被後見人の選挙権の回復等のための公職選挙法等の一部を改正する法律
2014年	配偶者からの暴力の防止及び被害者の保護等に関する法律（配偶者暴力防止法） 国際的な子の奪取の民事上の側面に関する条約の実施に関する法律
2015年	児童福祉法の一部を改正する法律 子ども・子育て支援法
2016年	障害を理由とする差別の解消の推進に関する法律（障害者差別解消法） 障害者の雇用の促進等に関する法律の一部を改正する法律

出典：東京都作成資料をもとに作成

● 人権相談窓口
◎ 常設相談（みんなの人権110番　0570-003-110）
　最寄りの法務局・地方法務局につながる。相談は、法務局職員、または人権擁護委員が受ける。
　受付時間　平日午前8時30分から午後5時15分まで
◎ 子どもの人権110番（全国共通フリーダイヤル 0120-007-110）
　受付時間　平日午前8時30分から午後5時15分まで
◎ 女性の人権ホットライン（全国共通ナビダイヤル 0570-070-810）
　最寄りの法務局・地方法務局につながる。
　受付時間　平日午前8時30分から午後5時15分まで
◎ インターネット人権相談受付窓口（24時間受付）
　相談フォームに氏名、住所、年齢、相談内容等を記入して送信すると、最寄りの法務局から後日、メール、電話または面談により回答がある。
　・子ども用　https://www.jinken.go.jp/soudan/PC_CH/0101.html
　・大人用　　https://www.jinken.go.jp/soudan/PC_AD/0101.html

● 外国人のための人権相談所 Human Rights Counseling Offices for Foreigners
Please contact the Offices according to your language in person or by telephone in business hours for counseling to Human Rights Counseling Offices for Foreigners.

No	City	Offices	Business Hours / Phone number	Language
1	TOKYO	Tokyo Legal Affairs Bureau 1-1-15 Kudanminami Chiyoda-ku	Monday 13:30-16:00 Tel 0570-050110（※）	Chinese
			Tuesday, Thursday 13:30-16:00 Tel 0570-090911（※）	English
			Tuesday, Thursday 13:30-16:00 Tel 03-5213-1372	German
2	OSAKA	Osaka Legal Affairs Bureau 2-1-17 Tani-machi Chuo-ku Osaka-shi	1st and 3rd Wednesday 13:00-16:00 Tel 0570-090911（※）	English
			Wednesday 13:00-16:00 Tel 0570-050110（※）	Chinese
3	KOBE	Kobe District Legal Affairs Bureau 1-1 Hatoba-cho Chuo-ku Kobe-shi	2nd Wednesday 13:00-17:00 Tel 078-393-0600	English
			4th Wednesday 13:00-17:00 Tel 078-393-0600	Chinese

インターネットと人権侵害

No	City	Offices	Business Hours Phone number	Language
4	NAGOYA	Nagoya Legal Affairs Bureau 2-2-1 Sannomaru Naka-ku Nagoya-shi	2nd Tuesday 13:00-16:00 Tel 0570-090911 （※）	English
			2nd Tuesday 13:00-16:00 Tel 052-952-8111	Portuguese
5	HIROSHIMA	Hiroshima Legal Affairs Bureau 6-30 Kamihacchobori Naka-ku Hiroshima-shi	From Monday to Friday (Excluding public holidays, the year-end and New Year holidays) 8:30-17:15 (Reserve in advance) Tel 082-228-5792	English Portuguese Spanish Tagalog
6	FUKUOKA	KOKUSAI HIROBA ACROS Fukuoka 3rd Floor 1-1-1 Tenjin Chuo-ku Fukuoka-shi	2nd Saturday 13:00-16:00 Tel 092-725-9200	English
7	SENDAI	Sendai Legal Affairs Bureau 7-25 Kasuga-chou Aoba-ku Sendai-shi	4th Thursday 9:00-17:00 Tel 022-225-5768	English Chinese
8	SAPPORO	Sapporo Legal Affairs Bureau 2-1-1 Kita-8-jo-nishi Kita-ku Sapporo-shi	2nd Wednesday 13:00-16:00 (Reserve in advance) Tel 011-709-2311	English
			4th Wednesday 13:00-16:00 (Reserve in advance) Tel 011-709-2311	Chinese
9	TAKAMATSU	Kagawa International Exchange Center (I - pal Kagawa) 1-11-63 Ban-cho Takamatsu-shi	3rd Friday 13:00-15:00 (Reserve in advance) Tel 087-837-5908	English Chinese Korean Spanish Portuguese
10	MATSUYAMA	Ehime Prefectural International Center(EPIC) 1-1 Dougoichiman Matsuyama-shi	4th Thursday 13:30-15:30 Tel 089-917-5678	English

(※) This is the navigation dial which connects your phone to the Legal Affairs Bureau among Tokyo, Osaka and Nagoya.
(As for the available time, please refer to the above list.)
出典：法務省人権擁護局（http://www.moj.go.jp/JINKEN/）

● 法務省人権擁護機関のリスト（削除依頼関係）

2012年11月1日現在

No	法務局	削除依頼の取扱者	所在地	電話番号
1	札幌法務局	人権擁護部第二課長	札幌市北区北8条西 2-1-1 札幌第1合同庁舎	011-709-2311
2	函館地方法務局	人権擁護課長	函館市新川町 25-18 函館地方合同庁舎	0138-26-5686
3	旭川地方法務局	人権擁護課長	旭川市宮前通東 4155-31 旭川合同庁舎	0166-38-1169
4	釧路地方法務局	人権擁護課長	釧路市幸町 10-3 釧路地方合同庁舎	0154-31-5014
5	青森地方法務局	人権擁護課長	青森市長島 1-3-5 青森第二合同庁舎	018-862-6533
6	盛岡地方法務局	人権擁護課長	盛岡市盛岡駅西通 1-9-15 盛岡第二合同庁舎	019-624-9859
7	仙台法務局	人権擁護部第二課長	仙台市青葉区春日町 7－25 仙台第3法務総合庁舎	022-225-5768
8	秋田地方法務局	人権擁護課長	秋田市山王 7-1-3 秋田合同庁舎	018-862-6533
9	山形地方法務局	人権擁護課長	山形市緑町 1-5-48 山形地方合同庁舎	023-625-1363
10	福島地方法務局	人権擁護課長	福島市本内字南長割 1-3 福島地方法務局分室内	024-534-2021
11	水戸地方法務局	人権擁護課長	水戸市三の丸 1-1-42 駿優教育会館	029-227-9920
12	宇都宮地方法務局	人権擁護課長	宇都宮市小幡 2-1-11 宇都宮地方法務局合同庁舎	028-623-0926
13	前橋地方法務局	人権擁護課長	前橋市大手町 2-10-5 前橋合同庁舎	027-221-4466
14	さいたま地方法務局	人権擁護課長	さいたま市中央区下落合 5-12-1 さいたま第2法務総合庁舎	048-859-3507
15	千葉地方法務局	人権擁護課長	千葉市中央区中央港 1-11-3 千葉地方合同庁舎	043-302-1320
16	東京法務局	人権擁護部第二課長	千代田区九段南 1-1-15 九段第2合同庁舎 12階	03-5213-1372
17	横浜地方法務局	人権擁護課長	横浜市中区北仲通 5-57 横浜第2合同庁舎	045-641-7926
18	静岡地方法務局	人権擁護課長	静岡市葵区追手町 9-50 静岡地方合同庁舎	054-254-3555
19	甲府地方法務局	人権擁護課長	甲府市丸の内 1-1-18 甲府合同庁舎	055-252-7239
20	長野地方法務局	人権擁護課長	長野市旭町 1108 長野第二合同庁舎	026-235-6634
21	新潟地方法務局	人権擁護課長	新潟市中央区西大畑町 5191 新潟地方法務総合庁舎	025-222-1564
22	名古屋法務局	人権擁護部第二課長	名古屋市中区三の丸 2-2-1 名古屋合同庁舎第1号館	052-952-8111
23	津地方法務局	人権擁護課長	津市丸之内 26-8 津合同庁舎	059-228-4711
24	岐阜地方法務局	人権擁護課長	岐阜市金竜町 5-13 岐阜合同庁舎	058-245-3181
25	福井地方法務局	人権擁護課長	福井市春山 1-1-54 福井春山合同庁舎	0776-22-5141
26	金沢地方法務局	人権擁護課長	金沢市新神田 4-3-10 金沢新神田合同庁舎	076-292-7808

No	法務局	削除依頼の取扱者	所在地	電話番号
27	富山地方法務局	人権擁護課長	富山市牛島新町 11-7 富山合同庁舎	076-441-0866
28	大阪法務局	人権擁護部第二課長	大阪市中央区谷町 2-1-17 大阪第 2 法務合同庁舎	06-6942-9496
29	京都地方法務局	人権擁護課長	京都市上京区荒神口通河原町東入上生洲町 197	075-231-2001
30	神戸地方法務局	人権擁護課長	神戸市中央区波止場町 1-1 神戸第 2 地方合同庁舎	078-393-0600
31	奈良地方法務局	人権擁護課長	奈良市東紀寺町 3-4-1 奈良第 2 法務総合庁舎	0742-23-5457
32	大津地方法務局	人権擁護課長	大津市京町 3-1-1 大津びわ湖合同庁舎	077-522-4671
33	和歌山地方法務局	人権擁護課長	和歌山市二番丁 2 和歌山地方合同庁舎	073-422-5131
34	広島法務局	人権擁護部第二課長	広島市中区上八丁堀 6-30 広島合同庁舎 3 号館 4 階	082-228-5792
35	山口地方法務局	人権擁護課長	山口市中河原町 6-16 山口地方合同庁舎 2 号館	083-922-2295
36	岡山地方法務局	人権擁護課長	岡山市北区南方 1-3-58	086-224-5761
37	鳥取地方法務局	人権擁護課長	鳥取市東町 2-302 鳥取第 2 地方合同庁舎	0857-22-2475
38	松江地方法務局	人権擁護課長	松江市母衣町 50 松江法務合同庁舎	0852-32-4260
39	高松法務局	人権擁護部第二課長	高松市出作町 585-4	087-815-5311
40	徳島地方法務局	人権擁護課長	徳島市徳島町城内 6-6 徳島地方合同庁舎	088-622-4171
41	高知地方法務局	人権擁護課長	高知市栄田町 2-2-10 高知よさこい咲都合同庁舎	088-822-3331
42	松山地方法務局	人権擁護課長	松山市宮田町 188-6 松山地方合同庁舎	089-932-0888
43	福岡法務局	人権擁護部第二課長	福岡市早良区祖原 14-15 福岡法務局西新出張所 5 階	092-832-4311
44	佐賀地方法務局	人権擁護課長	佐賀市城内 2-10-20 佐賀合同庁舎	0952-26-2148
45	長崎地方法務局	人権擁護課長	長崎市万才町 8-16 長崎法務合同庁舎	095-826-8127
46	大分地方法務局	人権擁護課長	大分市荷揚町 7-5 大分法務総合庁舎	097-532-3161
47	熊本地方法務局	人権擁護課長	熊本市中央区大江 3-1-53 熊本第 2 合同庁舎	096-364-2145
48	鹿児島地方法務局	人権擁護課長	鹿児島市鴨池新町 1-2	099-259-0684
49	宮崎地方法務局	人権擁護課長	宮崎市別府町 1-1 宮崎法務総合庁舎	0985-22-5124
50	那覇地方法務局	人権擁護課長	那覇市樋川 1-15-15 那覇第 1 地方合同庁舎	098-854-1215

出典:「プロバイダ責任制限法 名誉毀損・プライバシー関係ガイドライン 第 3 版:平成 23 年 9 月(補訂:平成 26 年 12 月)プロバイダ責任制限法ガイドライン等検討協議会」をもとに作成

● 会社批判、上司悪口による解雇・懲戒処分の適法性が争われた事例

処分「有効」の事例

◎ 解雇が「有効」になった事例

従業員が上司の人格を著しく傷つける言動をした事案（東京地裁平成14年5月14日判決）

「原告〔注：被解雇者〕は、ささいなことから興奮し、同僚や上司の人格を著しく傷つける言動をすることが頻繁にあり、上司から注意されても、反省の態度を示さず、同様の言動を繰り返しており、これによれば、原告は、同僚と協調して業務を遂行する意思や自制心を著しく欠いており、これは、被告〔注：会社〕の 業務の円滑な遂行の支障になる程度に達していた」として、普通解雇を有効とした。

高校教員が学校法人やその校長に対する誹謗中傷やマスメディアに対する情報提供などを行った事案（最高裁平成6年9月8日判決）

「校長の名誉と信用を著しく傷付け、ひいては上告人の信用を失墜させかねないものというべきであって、上告人との間の労働契約上の信頼関係を著しく損なうものであることが明らかである」として、普通解雇を有効とした。

◎ 懲戒処分が「有効」になった事例

自己の見解意見を新聞紙上に投書したとの事案：停職3カ月の懲戒処分（東京地裁9年5月22日判決）

「本件投書のように、従業員が職場外で新聞に自己の見解を発表等することであっても、これによって企業の円滑な運営に支障をきたすおそれのあるなど、企業秩序の維持に関係を有するものであれば、例外的な場合を除き、従業員はこれを行わないようにする誠実義務を負う一方、使用者はその違反に対し 企業秩序維持の観点から懲戒処分を行うことができる」として、懲戒処分を有効とした。

◎ 譴責処分が「有効」になった事例

関西電力事件（最1小昭58.9.8判時1094-121）

社宅における会社誹謗のビラ配布行為につき、同行為は従業員の会社に対する不信感を醸成し企業秩序を乱す恐れがあったとして、譴責処分の有効性を認めた。

処分「無効」の事例

◎ 解雇が「無効」になった事例

大日本印刷事件（東京地方裁判所昭和59年12月21日判決）

会社を批判した従業員を出勤停止に処し、さらに反省のない従業員を解雇した。
→出勤停止処分は有効ながら解雇は無効である。

● インターネット利用に係る非行及び犯罪被害防止対策（政令指定都市）

No	政令指定都市	事業名等	実施主体	実施日・期間
1	札幌市	「インターネットトラブル対策ハンドブック」の配付事業	札幌市	平成23年11月
2	札幌市	出前講座	札幌市	平成25年4月～（継続事業）
3	札幌市	情報モラル教育及び学校ネットトラブル等対策	札幌市	平成21年～
4	仙台市	携帯電話やインターネットの安心利用啓発	仙台市	継続事業
5	さいたま市	「すくすく のびのび 子どもの生活習慣向上」キャンペーン	さいたま市教育委員会	平成26年6月
6	千葉市	情報モラル教育の推進	千葉市教育委員会	平成20年～22年度作成（平成21年度からHPに掲載）
7	横浜市	いじめ根絶を目指した取組	横浜市教育委員会	平成26年3月～4月
8	川崎市	川崎市立学校インターネット相談窓口	川崎市	平成26年4月
9	相模原市	インターネット消費者被害啓発用パンフレットの作成	相模原市	平成26年2月
10	相模原市	消費者啓発用チラシの作成及び新聞への折り込み	相模原市	平成26年2月15日
11	相模原市	ネットパトロールだよりの発行	相模原市立総合学習センター	平成21年9月～（継続事業）
12	相模原市	情報モラルハンドブック	相模原市立総合学習センター	平成25年4月～（継続事業）
13	静岡市	啓発リーフレット作成・配布	静岡市	平成16年7月～（継続事業）
14	静岡市	インターネット等安全・安心利用研修事業	静岡市青少年育成会議	平成22年～（継続事業）
15	浜松市	浜松市出前講座「健全育成知っ得講座」	浜松市	継続事業
16	京都市	学校非公式サイト等のネット監視業務	京都市教育委員会	平成22年9月～（継続事業）
17	京都市	子どものケータイ・スマートフォン利用に関する保護者啓発用リーフレット配布	京都市教育委員会	平成23年度から毎年，配布
18	京都市	携帯電話市民インストラクターによる研修会等の開催	京都市教育委員会	平成20年10月～（継続事業）
19	大阪市	非行防止リーフレットの作成・配布	大阪市	7月中旬に配布
20	広島市	電子メディアと子どもたちとの健全な関係づくりの推進（「青少年への携帯電話販売・安心サポート宣言店」登録制度の実施）	広島市教育委員会	平成25年から継続中
21	広島市	電子メディアと子どもたちとの健全な関係づくりの推進（保護者用啓発チラシの作成・配布）	広島市教育委員会	平成26年10月配布（新規）
22	広島市	電子メディアと子どもたちとの健全な関係づくりの推進（電子メディアに関する講習会の実施）	広島市電子メディア協議会に委託	平成21年から継続中
23	北九州市	スマホリーフレットの作成	北九州市	平成26年1月31日～（平成26年5月配布予定）
24	北九州市	メディアリテラシーCM（暴行被害篇）放映	北九州市	〔放映期間〕平成26年3月1日～3月31日
25	北九州市	メディアリテラシーCM（スマホ依存篇）放映	北九州市	〔放映期間〕平成26年3月1日～3月31日
26	福岡市	学校ネットパトロール	福岡市教育委員会	平成26年8月～
27	熊本市	熊本市青少年問題協議会	熊本市	平成25年11月6日～

出典：内閣府　http://www8.cao.go.jp/youth/kankyou/jigyou/internet.html　から作成
（備考）「継続中」「継続」「現在」とあるのは、2015年7月時点の状況

● **人権擁護委員とは**

　人権擁護委員は、人権相談を受けたり、人権の考えを広める活動をしている民間ボランティアで、無報酬である。

　約1万4,000人が法務大臣から委嘱され、全国の各市町村（東京都においては区を含む）に配置されて、積極的な人権擁護活動を行っている（出典：法務省）。

　市町村長が、人権擁護委員にふさわしい地域の候補者（人格識見が高く、広く社会の実情に通じ、人権擁護について深い理解のある人）を選び、議会の意見を聞いた上で法務局（地方法務局）に推薦する（人権擁護委員法第6条第3項）。そして、法務局（地方法務局）において弁護士会、及び人権擁護委員連合会に意見を求めて検討した後、法務大臣が委嘱する（人権擁護委員法第6条第2項）。

● **公正採用選考人権啓発推進員制度とは**

　1975年に発覚した『部落地名総鑑』事件をきっかけに、1977年に企業内同和問題研修推進員制度が作られた。その後、1997年に名称が変更され、公正採用選考人権啓発推進員制度となった。

　就職差別をなくすためには、各企業において公正な採用選考システムを確立しなければならないという考えのもとで、企業に対して人権を守ることの重要性を理解させ、差別をなくすための指導を一層強化するために始められた制度である。

　当初は、従業員100名以上の事業所に、公正採用選考人権啓発推進員を設置することが指導された。その後、都道府県によっては30人以上とするなど、100人未満の事業所にも設置が進んでいる。

　また、公正採用選考人権啓発推進員が任務を果たすためには、企業のトップクラスが部落問題について正しく認識することが大切であるため、1983年からは企業の経営者に対しても、職業安定行政による研修が実施されている。

● **差別落書き、貼紙の違法性**

No	罪名	懲罰
1	建造物損壊罪（刑法第260条）	5年以下の懲役
2	器物損壊罪（刑法第261条）	3年以下の懲役、または30万円以下の罰金、もしくは科料
3	名誉毀損罪（刑法第230条）	3年以下の懲役、もしくは禁錮、または50万円以下の罰金（ただし、親告罪）
4	侮辱罪（刑法第231条）	拘留（1日以上30日未満）、または科料（1000円以上1万円未満）（ただし、親告罪）
5	軽犯罪法違反（軽犯罪法1条33号）	みだりに他人の家屋その他の工作物にはり札をした者 拘留（1日以上30日未満）、または科料（1,000円以上1万円未満）
6	不法行為（民法第709,710条）	損害賠償

ただし、刑事法、民事法では被害者が特定されることが必要である。

あとがき

　人権問題と聞くと、あなたはどこかの国の人ごとのように感じているかもしれません。
　もしそうだとしたら、ちょっと頭を切り替えてほしいのです。
　人権侵害は対岸の火事ではありません。
　内閣府の世論調査によると、国民の6人に1人が「人権を侵害された」と答えています。そして、そのうちの半数が、人権侵害の内容として「あらぬウワサ、他人からの悪口、かげ口」を挙げているのです。
　もしも、「ウワサや悪口、カゲ口を言われたことがありますか?」と尋ねたとしたら、「人権侵害を受けた経験がない」と答える人がいるでしょうか? また、「人権を侵害したことがない」という人がいるでしょうか?
　このように考えると、まさに人権侵害は日常の出来事なのです。
　ネット社会に生きるあなたは、容易に被害者にも加害者にもなる危険があります。そうさせているのは、ネットが持つ強力な発信力と拡散力です。
　日常のおしゃべりの中で行われるウワサや悪口、カゲ口は、ほとんど「その場限りの発言」で済みます。でも、その場限りで済んでいた同じ発言を、もしもネット上で行ったとしたらどうでしょうか。ネットに載せた途端に、犯罪になってしまうのです。それは、「名誉毀損罪」「侮辱罪」「信用毀損罪」です。
　ネット上での発言は、罰金だけでなく、拘留や懲役までもあり得ます。同じ内容の発言でありながら、おしゃべりとネットでの書き込みとは、これほどまでも違うのです。

　ネットはなぜ人を不幸にするのか?
　それはプロメテウスの火がよく物語っています。火を使える

1　**世論調査**
2012年8月に3,000人を対象に実施した「人権擁護に関する世論調査」。

2　**プロメテウス**
ゼウスの命令に背き、人類が幸せになると信じて人類に火を与えたとされるギリシャ神話の神。

ようになった人類は、文明を発達させました。しかし、その一方で、火を使って武器も作り、戦争を起こすまでに至りました。

利便性が高いものほど、悪用、誤用した時の危険は大きいのです。現代のプロメテウスの火と言われる原子力、コンピュータは、いずれも社会を革新させるほどの大きな力を持ちながら、人類が正しく利用しなかったときの被害もまた甚大なのです。

インターネットによる人権侵害の現状を見ると、便利な道具を正しく使うことの重要性を痛感します。間違った使い方をすると、便利な道具は危険な道具になります。まさに便利なネットも誤用・悪用することで、人権侵害の道具となり、人を不幸にしているのです。

「使い方次第」という言葉は、手アカがついた言葉であり、しごく当たり前のことをいっています。火器しかり、薬物しかり、自動車しかり、「使い方次第」というのは、文明の利器の宿命といえます。インターネットも例外ではありません。

私は、ネット人権侵害の講演を積み重ねていくうちに、多くのネット利用者に、「現状や対策を知らせなければならない」という思いが強くなりました。そして、突き動かされるような気持ちで、本書を書いた次第です。

本書によって、一人でも多くの方が、ネット人権侵害についての知識を深めてくださることを願っています。

講演会、研修会、学習会でお手伝いをさせていただく機会がありましたら、遠慮なく巻末のメールアドレスにご連絡ください。

profile

● 著者紹介　佐藤佳弘 (SATO, Yoshihiro)

　東北大学を卒業後、富士通（株）に入社し、システムエンジニアとして全国オンラインシステムの設計と技術サポートに従事した。その後、東京都立高等学校教諭、（株）ＮＴＴデータを経て、現在は 株式会社 情報文化総合研究所 代表取締役所長、武蔵野大学 教授。ほかに、西東京市 情報政策専門員、東村山市 情報公開運営審議会 会長、東久留米市 個人情報保護審査会 会長、京都府・市町村インターネットによる人権侵害対策研究会 アドバイザー、東京都人権施策推進指針に関する有識者懇談会 委員、ＮＰＯ法人 市民と電子自治体ネットワーク 理事、大阪経済法科大学 アジア太平洋研究センター 客員研究員。

　専門は社会情報学。1999年4月に学術博士（東京大学）を取得。主な著書に『ネットでやって良いこと悪いこと』(源)、『脱！スマホのトラブル』(武蔵野大学出版会) など多数。

E-mail:icit.sato@nifty.com
ホームページ：http://www.icit.jp/

インターネットと人権侵害(じんけんしんがい)
匿名(とくめい)の誹謗中傷(ひぼうちゅうしょう)〜その現状(げんじょう)と対策(たいさく)

発行日	2016年2月2日　初版第1刷
著者	佐藤佳弘
発行	武蔵野大学出版会 〒202-8585 東京都西東京市新町1-1-20 武蔵野大学構内 Tel. 042-468-3003 Fax. 042-468-3004
印刷	株式会社ルナテック ©Yoshihiro Sato 2016 Printed in Japan ISBN 978-4-903281-27-8

武蔵野大学出版会ホームページ
http://www.musashino-u.ac.jp/shuppan/

（プレゼンテーションとは、自分を表現して相手に伝えること。）

定価1700円+税
武蔵野大学出版会
佐藤佳弘＝著

初心者でも確実に実践できるように、
豊富なイラストで
プレゼンのコツをやさしく伝授！
就活中の学生、
新人社会人に最適！